Standesdenken im Umbruch

Tagebuch der Adoptivtochter eines Fabrikanten und späteren Arztgattin um 1900

Die Tagebuchaufzeichnungen
von Elsbeth M.

Printed in Germany
Herstellung und Verlag: BoD - Books on Demand, Norderstedt
Fotos: privat
2021
ISBN 9783753403359

Stötteritz, 25. Dezember 1905

Sekunden vergehen, Minuten verrinnen,
Stunden, Tage, Monde ziehen von hinnen,
Bleib Du nicht stehen in Deinen Schranken,
Höher strebe in Tat und Gedanken.

So dachte ich mir die erste Widmung dieses Buches, das ich am Weihnachts-tage des Jahres 1905 meiner lieben Elsbeth und ich will offen sein, mir selbst auch, als Geschenk auf den Spendetisch legte. Hernach überlegte ich mir, dass es doch besser wäre eine Art Vorwort als Begleitwort mitzugeben und darum als Weisung auf die Art und Weise, in der wir dieses Buch, so Gott will, recht lange miteinander benützen zu unseren und, wills Gott zu unserer Kinder Frommen, fasste ich den Satz:

Wir leben das Leben erst wenn wir es bewusst leben.
Darum – erleben wir Tage der Freude, Stunden gemeinsamen Gedanken-
austausches, ernste Minuten. Lasst uns Alles mit Liebe aufzeichnen, was
der Erinnerung wert sein mag.

Als wir mit dem Aufzeichnen alles dessen, was wir erlebten, was uns bewegte, beginnen, sei mit einigen Worten der teuren Menschen gedacht, die unsere ersten Tage gesehen, die uns geboren, erzogen, mit Liebe unsre Schritte geleitet haben – unserer Eltern!

Christian M., geboren am 9. August 1825, gestorben am 27. September 1905 und Frau Ida, geborene H. (gebürtig aus Hof) geboren am 24. April 1825, gestorben am 28. August 1905 sind die Eltern meines lieben Mannes. Der Vater war ein strenger Mann, der sich erst in späten Jahren die Liebe seiner Kinder voll erwarb. Durch und durch redlich, energievoll und mit eifrigem Fleiß schaffte er für die Seinen. Ihm zur Seite stand die liebe Mutter, gütig und liebevoll. Das Milde, des Vaters Strenge begegnende Element.

Als jüngstes Kind wurde ihnen mein lieber Mann Max am 4. Mai 1873 geboren, an einem Sonntag unter den frohen Klängen einer vorbeiziehenden Musikkapelle, die auf dem Markt in Oelsnitz ihre Mittagsparade abhalten wollten.

Die Freude der Eltern über das Kind wurde aber leider dadurch sehr getrübt, dass das linke Füßchen nicht normal, sondern ein Klumpfuß war. Dieses Leiden war nicht für die Eltern, auch für das Kind selbst eine stete Quelle neuer Kümmernisse.

Welche Entbehrungen, welche Zurücksetzungen im Spiel mit den Kameraden! Welcher Jammer fürs Mutterherz, ihr Kind, ihr Nesthäkchen auf Krücken!

Und dann kam die erste schmerzvolle, erste verlorene Operation im zweiten Jahre bis die Eltern sich entschlossen, nichts unversucht zu lassen und das fünfjährige Kind nach dem Zwickauer Kreis Krankenstift brachten, (Stadtkrankenhaus, Medizinalrat D. I.) woselbst das Füßchen einer orthopädischen Kur verbunden, mit Massage behandelt wurde, was eine fast vollkommene Besserung zur Folge hatte.

Hier wurde auch in dem Knaben der frühe Wunsch rege, Mediziner zu werden und seine kindlichen Spiele fanden davon darin schon ihren Ausdruck. Im Laufe der Jahre heilte das Füßchen noch ganz aus. Nur blieb es ein wenig im Wachstum zurück; doch kam Max infolge der Leidensjahre ein Jahr später zur Schule und erst mit 12 Jahren nach Plauen auf das Gymnasium in die Quinte.

Ich selbst bin eine kleine Schweizerin. Ein eigentümliches Geschick hat meine Wege in frühester Kindheit schon wunderbar geführt. Ich habe meine leiblichen Eltern nie gekannt. Ich bin als Adoptivkind von lieben teuren Menschen erzogen worden, die in ihrer heißen Sehnsucht nach einem Kinde, in mir vollsten Ersatz suchten und vielleicht auch gefunden haben, denn ich habe von diesem Umstand erst in meinem zwanzigsten Lebensjahr erfahren. Mein geliebter Pflegevater hat aber in seiner Liebe zu mir alle Spuren meiner Geburt verwischt, so dass ich von meinen leiblichen Eltern herzlich wenig weiß. Ich weiß nur, dass ich den Namen Elsbeth M. trug und in Zürich oder *bei* Zürich geborgen wurde, am 10. Oktober 1875. Mein Vater soll ein Beamter, meine Mutter eine Ostfriesin, eine Lehrerin gewesen sein.

Weshalb nun meine Mutter sich entschloss ihr zartes zweijähriges Kindchen zu fremden Menschen zu bringen, weiß ich nicht und überhaupt nicht näher. Sie brachte mich zu Weihnachten 1877 (auf Zuschrift) nach Plauen zu Herrn Ernst R., Kaufmann, geboren am 10. Juni 1845 und seiner Frau Karoline, geborene T., geboren am 25. Juli 1845 in Klingenthal, welche mich adoptierten mit Genehmigung des Königs. Meine natürliche Mutter verweilte fünf Tage mit im Familienkreis, damit sie sehen konnte, in welche treusorgenden Hände sie ihr Kindlein legte.

In den meinen nunmehrigen Eltern nahestehenden Kreisen nahm man aber jetzt herzlich an deren Freude über das kleine Mädchen teil. Zwar war es ein zartes schwaches Dingelchen, das sich beim Gehen noch ängstlich an den Gegenständen festhielt und doch schon munter ihr Schweizer-Deutsch plapperte und durch ihre Zutraulichkeit bald alle Herzen gewann.

Es war eine sonnige, wonnige Kindheit, die mir da erblühte. Erhöht wurde dieses Kinderglück noch dadurch, dass die Eltern nach der Straße neben die Fabrik (Nähfadenfabrik) verzogen in das Haus der Frau Schweigert, deren viereinhalb jähriges Töchterchen Frida meine tägliche Gespielin wurde, so dass ich Geschwister nicht vermisste.

16 Jahre wohnten wir da und die beiden Kinder verband eine treue Freundschaft, die erst in den Jahren der beiderseitigen Verheiratung nicht mehr so viel Nahrung fand, was freilich durch äußere einwirkende Verhältnisse und die Trennung hervorgerufen wurde. In den Kinderjahren aber haben wir miteinander nur des Lebens Sonnenschein gekannt und haben ihn glücklich und seelenvergnügt genossen. Im Jahre 1881 kamen wir miteinander zur Schule in eine Klasse, nachdem uns unsere Mütter vorsorglich ein Jahr zuvor täglich ein paar Stunden in den Strickunterricht bei Fräulein Buchbinder geschickt hatten, damit die beiden Quecksilber das Stillsitzen vorher etwas lernen möchten. Welche Freude aber, wenn wir nach der Schulzeit in dem schönen Garten der Villa nach Herzenslust mit unseren Puppen spielen konnten! Wie herrlich waren die „Landpartien", großes Wäldchen etc., die wir veranstalteten. Wie tätig war die Phantasie in allem, wenn sie die fünf Nadelbäume in das „Wäldchen" verwandelte oder Gräser, Blümchen, Blättchen, Bärchen zu den kostbarsten Schätzen werden ließ, unentbehrlich zur „Nahrung" für die „Kinder", zum „Kaufladen", zum „Modesalon". Und wie schön war an Regentagen das riesige Treppenhaus zum Spielen, wie oft musste der Besuch über die Puppen hinwegklettern – denn es wäre doch Sünde gewesen, die „Kinder" im Schlafen zu stören, und die Treppenstufen mit ihren Läufern geben doch herrliche Betten ab. Wie die guten Tanten, alle taten's gerne, sie freuten sich an unserem einträchtigem Spiel, dass niemals in Zank oder Streit ausartete. –

Sie und diese Luft im Winter, den steilen Berg mit dem Stuhl- oder Rutscherschlitten hinabzufahren! Schneeburgen im Garten aufzutürmen und dann mit einem Wolfshunger zum Vesper zu schmausen; Hurras, wenn es Faßnachtsbrezel mit Butterflöckchen bestrichen gab oder gebratene Äpfel!

Und das Weihnachtsfest, wie unendlich schön und friedlich. Da kam die gute Großmutter zur Bescherung und wartete mit mir bis endlich das lichtstrahlende Heiligtum sich öffnete und mein lieber Vater mich hineinführte zum Christbaum, zu den reichen Gaben, mit denen mich die Lieben überschütteten. Welche Mühe hatte sich die gute Tante, die Minna, die Schwester der Mutter, die bei uns mit lebte und noch heute der Mutter zur Seite steht, immer mit den Puppenkleidchen gemacht. Und wie sah sie immer darauf, dass ich alles richtig verwendete für die betreffende Puppe, alles in Acht nahm und schonte. Damals war ich freilich damit nicht ganz einverstanden, doch heut, da ich die schönen Spielsachen meinen eigenen Kindern aufbauen kann, ist mir der ganze Wert dieser Erziehungstheorie bekannt und ich übe darin auch mein Töchterlein schon.

Mein Vater hat eigentlich in der Hauptsache meine geistige Erziehung geleitet, Mutter und Tanten beschränkten sich mehr auf das körperliche und auf die täglichen Arbeiten.

Mein Vater hatte die Gewohnheit alle 14 Tage in die Kirche zu gehen, wohin ich ihn begleitete. Daran schloss sich bei schönen Wetter ein kürzerer Spaziergang, an den *kirchenfreien* Sonntagen wanderte er mit mir schon zeitig hinaus in die herrlichen Wälder. Und diese Spaziergänge brachten uns einander besonders nahe, denn alles, was uns bewegte, was ich gelesen hatte, wurde besprochen. Ich durfte alles lesen. Kein Buch wurde vor mir verborgen. Mit 14 Jahren schon, las ich die Meister Goethe, Schiller, Shakespeare. Und wenn Mutter mir aus ästhetischen Gründen vor allem die Werke der großen Engländer entziehen wollte, so pflegte der Vater zu sagen:

„Bedenke, dem Reinen ist alles rein und es gehen dem Kind früh die Augen auf über die Herrlichkeiten und Wahrheiten des Lebens, die die Dichter so schön uns zu enthüllen wissen!"

Und dann erklärte er mir das unverständliche so, wie der kindliche Geist es fassen konnte und ich fragte weiter und weiter, so dass sich immer neue Gebiete erschlossen. Und im Anschluss an die Gespräche las ich dann wieder die Klassiker mit doppelter Freude und fand immer meine Schönheiten. *Geht mir's nicht heute noch so, wenn ich mit meinem lieben Mann darüber spreche? –*

Als mein Vater viele Geschäftsreisen machen musste, war es meine herzlichsten Freude wenn ich ihn begleiten durfte. Es waren nur Tagestouren und nur in der engeren Heimat – aber eine liebe Erinnerung sind sie für mich doch. Ich lernte das Erzgebirge kennen, Aue, Fibenstok, Zwickau, Lugau, wohin ich später als Braut noch oft ins Haus des Schwagers P. kommen sollte. Schöneck, das obere Muldenthal, Grünbach, Auerbach. Ach die herrlichen

Wanderungen durch die vogtländischen Berge und Täler. Besonders schön war auch die Fahrt nach Weida und von da über München, Barnsdorf nach Gera.

Weida mit seiner Eisenbahnbrücke, der größten und höchsten eisernen in Deutschland, mit seinem Schloss und Altertümlichkeit zog mich immer an. Wenn ich freilich am Fuß der Brücke stand und Vater mir den zollstarken federnden Bolzen zeigte, auf dem jeder Pfeiler ruhte, da lief doch ein leichter Schauer über den Rücken und ich war froh, dass ich nicht drüber zu fahren brauchte.

Überhaupt führte mir Vater viele maschinelle Getriebe vor. In Spinnereien, Webereien, Eisenhämmereien usf. erbat er sich für mich Erlaubnis einzutreten und hob meist selbst das Interessanteste heraus. So gewann ich mit der Zeit ein äußerst lebhaftes Interesse für allerlei Anlagen, welches heute noch nicht geschwunden ist. – Eine gewisse Selbstständigkeit lernte ich auch dabei kennen, so dass es dann nicht schwer war, mich in der Großstadt zurechtzufinden. Das beste aber gab mir der Vater durch die fortwährenden Hinweise auf die wunderbare Natur und ihren erhabenen Schöpfer. Dort ein blühender Rosenstrauch, hier ein Goldkäferchen, da der einfache Grashalm, der sich trotz des menschlichen Fußtritts wieder aufrichtet, dort die dunkle Tanne mit ihren Zapfen. Vogelstimmen, vom Finkenschlag und Drosselsang bis zum Gurren der Wildtauben, zum Schrei des Hähers, ein suchender Ruf, ein flinkes Eidechslein. Ein Waldsee mit nickenden Farnkräutern, blauen Libellen und im Wasser ein leises aber desto flinkeres Leben. Schnalzende Fische, hüpfende Frösche, tanzende Mücklein, fleißige Rückenschwimmer, alles lebt und freut sich dieses Lebens. Aber überall auch Kampf für dieses Leben! Und dann der Winter mit seiner Schneepracht in den Bergen, wie schön. Die vom Raureif glitzernden Zweiglein, das stürzende Wasser im vereisten Felsenbett. Und mit jedem Frühling, jedem Herbste, jedem Wechsel, neue Schönheit, aber auch neue Hinweise auf Gott und seine Güte. –

Vater war sehr musikalisch. Er hat als junger Mann nicht nur Klavier, auch Geige, Cello, Harmonium gespielt, darum hielt er auch auf gute Klavierstunden, als er auch bei mir musikalische Begabung fand. Und als ich 16 Jahre alt war bekam ich zu meiner größten Freude Singstunden, da der liebe Gott mir eine schöne frische Stimme geschenkt hatte. Als ich soweit war, nahm Vater mich auch mit in die großen Wagnerkonzerte – Konzerte vom Wagnerverein, in Plauen arrangiert, zu dem außer einem berühmten Orchester, auch hervorragende Künstler herangezogen wurden.

Das erste, was ich da hörte, war die 9. Sinfonie Beethovens. In diesem Sommer fand ich mich allerdings kaum zurecht bis Vater mir zu Hilfe kam und mir vor allem die einzelnen Instrumente erklärte und mich auf sie aufmerken ließ. Dann erst wurde das Brausen der Tonwellen nach und nach verständlich. Haften blieb dem Ohr freilich herzlich wenig, denn das Musikhören will eben auch geübt sein und ich war ja erst fünfzehn Jahre alt. Aber eine feierliche Stimmung war doch über mich gekommen, so dass der Stolz, als erwachsene Tochter neben den Eltern zu sitzen, ganz von selbst in den Hintergrund trat. Von da an schenkte mir Vater und später Tante Minna regelmäßig das Abonnement zu diesen Konzerten und ich habe dadurch reiche Schönheiten genossen und meine Musikkenntnisse fleißig erweitert und das Verständnis dazu geübt.

Die vielen vielen Größen und Sterne die ich da gehört, Sängerinnen, Geiger, Pianisten – die Lembrich, die Herzog, Therese Malten, Anthor, Perron, Scheidemantel, Gudehus, Professor Joachim, Burmester, Zsug, Paderewski, von Bose, Bertraut Rot (ein Vogtländer, Singkränzler d. Plauenschen Gymnasium) Frau Professor Stern (beide durch Vortrag der Beethovenschen Sonaten) und viele viele noch, deren Namen mir schon entfallen sind. –

Aber auch kirchliche Musik hörte ich durch die Kirchenbesuche mit dem Vater. Der alte Kantor Gast, jetzt längst verstorben, war eine fein empfindsame musikalische Natur, die im Bach'schen Stile Kirchen-Orgelkonzerte schuf, dass es eine Lust war, zuzuhören. Und in den späteren Jahren wurden die sonntäglichen Konzerte sogar mit Orchester im größeren Stile ausgeübt. Neben der Predigt ein besonderer Genuss. Ja es kam vor, dass die Musik die Herzen mehr noch zur Andacht stimmte, denn das gesprochene Wort. Ganz besonders ist mir aus den 90er Jahren der wundervolle Sonnengesang aus Tienels Franziskus mit den entzückenden Kinderstimmen in Erinnerung geblieben, der alljährlich zum Erntedankfest aufgeführt wurde. –

Damit aber auch das wirtschaftliche Element nicht vergessen werde, zog mich Mutter schon als größeres Kind zu kleinen Hausarbeiten mit heran und später als junges Mädchen musste ich in allem zugreifen, damit ich etwas lernte. Alle Arbeiten bis herunter zum Scheuern hab ich lernen müssen, wenn auch oftmals die zarten Fingerchen sich sträubten, in ein Schmutzwasser zu greifen. Es half nichts, Mutter meinte nur seelenruhig:

„Im Leben muß der Mensch oft etwas anfassen, was ihm nicht passt."

Oder:

„Wenn Du diese Arbeiten im späteren Leben auf einmal nicht zu tun brauchst, so kannst Du doch die Dienstboten beaufsichtigen und anweisen, abgesehen davon, dass man mal durch irgendwelche Umstände nicht gleich einen dienstbaren Geist zur Seite haben kann und die Sache selbst tun muss. Was denn, wenn man nichts gelernt hat?"

Viel Freude machte mir das Kochen, doch lernte ich eigentlich das meiste erst in meinem 19. Jahr von einem vorzüglichen Mädchen, da Mutter sehr wenig nachsichtig war mit kleinen Ungeschicklichkeiten und auch kleine Neuerungen nicht gerne sah.

Damit ich aber einen richtigen Einblick in die Ausgaben eines Haushaltes habe, übergab mir Mutter die ganze Wirtschaftskasse und ich hatte über jede Kleinigkeit Buch zu führen. So bekam ich nicht nur rasch einen Überblick über die Ausgaben innerhalb der Hauswirtschaft, sondern auch einen Begriff von den ganzen Anforderungen die das tägliche Leben als selbstverständlich mit sich bringt. Und das war für mich unendlich wertvoll, denn wenn auch durch verschiedene Einflüsse hie und da Verschiebungen eintreten, im Großen und Ganzen gleicht sich's doch wieder aus.

Wie bald ich indessen ernsteren Einblick in das Leben haben sollte, ahnte ich nicht und doch kam es nur zu rasch!

Das Jahr 1895 begann so fröhlich und endete so ernst.

Anfang März kam mein lieber Mann als Student und glückstrahlender cand. med. von Leipzig zurück, er hatte eben sein erstes medizinisches Examen bestanden, das Physikum mit I. Und zum ersten mal seit zwei Jahren, nach dem Abgang vom Plauenschen Gymnasium, sahen wir uns wieder und verlobten uns heimlich am 22. März 1895 nach einem Familienabend des Musikvereins.

Es war wohl sehr kühn von den zwei Menschenkindern, so früh schon an die Verbindung zu denken, denn vor Max lagen ja noch 3 volle Studienjahre, das Staatsexamen – ach noch viel! Aber zwei junge Herzen, die sich schon lange heimlich gut waren, wagen eine solche Wartezeit ganz gern. Fürs erste dachten sie gar nicht soweit, sondern genossen ihr Glück, das auch die beiderseitigen Eltern billigten, mit ganzer Seele. Freilich heimlich, ganz heimlich nur, musste es bleiben und allzu oft sahen sich die Beiden auch nicht. Doch erlaubten die guten Eltern Max' Besuch zu Ostern und wir konnten uns zum ersten Mal länger aussprechen und uns unserer Liebe freuen. Zugleich aber hieß es Abschiednehmen für ein paar Monate, Max ging nach Freiburg im Breisgau, dort ein Semester zu studieren. Eine schöne Erinnerungszeit für ihn, denn er hatte Mühe genug das herrliche Städtchen Gottes Welt nach allen Richtungen zu durchstreifen. Die Pingstfesttage benützte er sogar zu einem Abstecher in die Schweiz, den Vierwaldstätter See zu besuchen. Eine liebe Erinnerung für mich, die in unseren Briefen festgehalten ist. Und auch die Gedichte sprechen aus, was uns damals bewegte. Und da dies Buch ja mehr der Erinnerung geweiht ist, als ausschließlich der Chronik, so mögen auch die Gedichte hier aufgezeichnet sein. Sie bewegen uns ja heute noch das Herz – denn die Liebe ist ja dieselbe noch, nur noch schöner, größer geworden!

Was der Wald erzählt,
Was die Vöglein singen,
Wenn sie frisch vermählt
Sich zum Himmel schwingen.

Was der Bach verrät,
Mir mit seinem Flüstern,
Wovon früh und spät
Leis die Wipfel wispern:

Was das Herze spricht,
Wenns fürs Liebste schlägt:
All das im Gedicht,
Sag ich schlicht und recht.

Als im Sommer 1895 am 3. August Max von Freiburg zurückkehrte, gestatteten meine lieben Eltern öfter Zusammenkünfte auf Partien nach Piek, Mehlteuer etc. Und zweimal konnte sich Max an größere Sonntagsausflüge anschließen. Einmal fuhren wir nach Falkenstein, gingen zu Fuß durch das obere Muldenthal nach Grünbach – ein idyllisches Tal, sicher eines der Schönsten des oberen Vogtlands –

Umsonst (5. IV. 1895 Lugau)

Ich frug die Schwalbe
Frug den Wind
Ob sie von meinem lieben Kind,
Vom Schatz mir Kunde brächten?

Eine Schwalbe flog weiter
Es sauste der Wind
Vorbei geschwind
Doch stumm sind sie geblieben.

Ich bat das Bächlein,
Ich flehte zum Herrn:
Mein Lieb fänd ich so gern!
So sagt doch, erzählet mir alles!

Das Bächlein murmelte ohne Ruh,
Der Stern der schaute freundlich zu.
Doch ich bin ohn' Kunde geblieben.
Sie sagten mir nichts von der Lieben.

Süß Geheimnis!
Stilles Hoffen!
Vor uns liegt der Himmel offen
Und die Welt voll Sonnenschein.

Sehnen, Träumen!
Nahtlos irren
In den Räumen
Die nur allbekannt –

Bangen, Bangen!
Lieb verlangen!
Und die Brust
Doch voller Lust!

Liebe, Liebe
Dies deine Macht!
Die den Menschen
Das Glück gebracht!

Dann nach dem Wendelstein, von da nach Auerbach. Die andere Partie führte uns nach Miglau (Kaiserschloß). Das waren für lange Zeit die letzten Tage ungetrübter Freude.

Am 21. Oktober reiste Max zu weiterem Studium nach Leipzig und kurz darauf wurde mein lieber Vater schwer krank an einer Sepsis, die er sich wahrscheinlich durch eine heftige Mandelentzündung zugezogen hatte. Weihnachten konnten wir noch, wenn auch niedergedrückt feiern; doch an Sylvester verschlimmerte sich die Krankheit und am 9. Januar 1896 erlag er, mein teurer Vater.

1896

Es trat ein Wandel in allem ein.

Das Vermögen wurde von gewissenlosen Menschen verschleudert, so dass meine arme Mutter manch schwere Stunde hatte und wir, Tante und ich mit ihr (Tante Minna, jüngste Schwester meiner Mutter, die seit Jahren bei uns lebte und noch heute meiner Mutter zur Seite steht). In dieser Zeit haben wir beide, Max und ich, uns recht zusammengefunden. Und wenn sie auch bitter war, so hat sie uns doch auch manche schöne Stunde geschenkt, in der wir nicht nur die Liebe der neuen Verwandten, der lieben Eltern und Geschwister meines Max', sondern auch die innigste unerschütterlichste Freundschaft unserer lieben Georg D., Bürgermeister W. und Julius L. kennen gelernt haben.

10.11.1896, Leipzig

Wahlsprüche meines lieben Vaters:
Was ich thun, muss ich vertreten!
Wie Gott will - ich halt still!

Wenn wir vom Liebsten scheiden müssen,
In banger schwerer Herzensstund,
Wie seelig ists, den Trost zu wissen,
Der uns ward Kund aus gläubigem Mund.

Wie Gott will, ich halt still
Wer den Spruch gläubig beten kann,
In guter und in böser Zeit,
Den kann nichts, nichts mehr fechten an
Der ist gefeit ge'n alles Leid

Mein Gott will, er hält still!
Und will die Sonne Dir verschwinden
Und naht ein schwerer Prüfungstag:
Die Sonne wird dich Wiederfinden
Trotz Müh und Klag
Ja nicht verzag!
Mein Gott will, du halt still!

Diese treue Freundschaft hatte sich ja schon früher in glücklicher Zeit bewiesen, zur Silberhochzeit meiner Eltern, die ihnen 1895 noch vergönnt war zu feiern – aber in der neuesten Zeit hat sie uns doch noch mehr bewegt und unendlich wohl getan.

Möge Sie uns alle auch weiter verbinden!

Wahre Lichtblicke waren in diesen Jahren die Besuche bei den Schwiegereltern, sowie den Lieben. Wochenlang weilte ich bei ihnen nachdem wir öffentlich verlobt waren. Doch zu den lieben Eltern nach Oelsnitz durfte ich schon lange zuvor regelmäßig kommen, nachdem diese uns Mai 1896 zum ersten Mal besucht hatten. Dieser überraschende Besuch war die Erfüllung eines Geburtstagswunsches meines Max und für meine arme Mutter eine rechte Erhebung und Freude.

1897

Max stand nun im Jahre 1897-98 vor dem Staatsexamen. Am 6. November 97 begannen die Prüfungen und am 11. November bestand Max in der Anatomie die erste Stufe mit 2.1.2. Bis zum Weihnachtsfest bestand er die zwei nächsten Abschnitte, nach dem Fest welches wir zusammen verlebten, die übrigen Teile und am 8. Februar 1898 war das Ziel erreicht! Diese Freude!

1898

Am 10. Februar kam mein Schatz mit seiner neuen Würde als approbierter Arzt. Sechs frohe Tage verlebten wir da zusammen bis Max am 17. wieder abreiste, um seinen Doktor zu machen.

Am 21. März kehrte Max zurück nachdem er glücklich seine Doktorpromotion erreicht hatte. Das war eine Herzensfreude, vor allem für meine gute Mutter, die endlich wieder eine Lichtstraße in all dem Schicksalsdunkel sah.

Am 27. März fand die öffentliche Verlobung statt. Die lieben Eltern kamen mit Max zu uns und unsere lieben Wagners ebenfalls zu Tische. Onkel R. Wagner, als mein früherer Vormund, gedachte mit innigen Worten meines teuren Vaters und verlobte uns nach alter schöner Sitte durch den Ringwechsel. Am Nachmittag kamen unsere lieben Dieters, um an diesem

Glück teilzunehmen. Sie hatten ja schon lange darum gewusst, denn mein Vater hatte in seiner Herzensfreude über unser Glück, heimlich die Lieben eingeweiht, ohne dass wir alle etwas davon gewusst hatten. Am anderen Tag wurde es dann aller Welt kundgetan, dass wieder zwei Menschenkinder sich gut sind und sich heiraten wollen.

Am 11. April reiste Max nach Zwickau, wo er am Kreiskrankenstift unter Medizinalrat Dr. K. eine Volontärarztstelle angenommen hatte. Dieses Jahr brachte uns schöne bräutliche Freuden, da Max Sonntags ein oder zweimal im Monat nach Plauen oder Oelsnitz kommen konnte. Auch reiste ich im Juni auf sechs Wochen zu unsern lieben P. nach Lugau, wo auch Max seine 14 Tage Ferien mit verlebte. Im September war ich einige Wochen bei den Eltern in Oelsnitz und Mitte Oktober reiste ich zu L. nach Leipzig um auch die dort wohnenden Geschwister alle kennen zu lernen. –

Das Zwickauer Jahr brachte Max für seinen Beruf viel Interessantes und Lernenswertes. Doch war es gesundheitlich ziemlich anstrengend und tat Max gar nicht wohl, weshalb waren wir alle doch froh, als er Zwickau verließ, obwohl damit die schöne Zeit der regelmäßigen Zusammenkünfte zu Ende ging und immer größere Trennungsperioden anbrachen.

Max hatte schon oft davon gesprochen, sich in Leipzigs Umgebung niederzulassen. Nach einer genauen Erkundigung an Ort und Stelle stand bei Max der Entschluss fest, sich in Stötteritz seinen Wirkungskreis zu suchen. Eine feste Wohnung konnte er aber nicht mieten, da keine einzige frei war. Doch bot ihm Frau Gutsbesitzer A. in liebenswürdiger Weise ihre Gästezimmer an, so dass es Max möglich war, schon im April seine berufliche Tätigkeit dort aufzunehmen. Am 12. April reiste Max nach Stötteritz ab, begleitet von unser aller Hoffen und Wünschen. Für mich begann damit freilich eine Zeit der Sorge um die Zukunft und ich kam auch körperlich dadurch tüchtig herunter. Wie wanderten die Gedanken hin zum geliebten Mann, der schon für unser künftiges Glück sorgte! Und Gottes Güte fügte es ja auch, dass Stötteritz unsere Heimat wurde! Aber gesorgt und gebangt haben wir doch vorher alle genug; denn es ist keine Kleinigkeit, sich selbst einen Berufskreis zu suchen in einer Zeit, da der ärztliche Beruf so unendlich zahlreiche Vertreter besitzt. Und Mühe und Geduld gab es auch auf dem ganzen Wege zu fühlen und zu üben. Oftmals war ich verzagt und doch half Gottes Güte! Wir waren nun schon fast 5 Jahre verlobt und sehnten uns mit ganzer Seele nach einem gemeinsamen Schaffen und Wirken.

1900

Da erhielt endlich am 1. Januar 1900 Max die Ortskrankenkasse Leipzig und damit war eine feste Einnahme zur Führung eines Haushaltes gesichert. Welche Freude, als die Hochzeit endlich für den Herbst festgesetzt werden konnte. Allein der junge Herr Doktor hatte die Junggesellenwirtschaft bald satt und meinte, es wäre auch für seine Praxis besser, wenn er verheiratet sei, darum sei es wohl nötig noch früher an die Hochzeit zu denken. Mutter Bolzen, seine 65-jährige Wirtschafterin wurde auch mit den Bestellungen vergesslich. Da gehöre eine Hausfrau herein, die mit auf „das Geschäft" aufpasst!

Dagegen war nun nichts mehr einzuwenden und die Hochzeit wurde etwas früher angesetzt, dann noch ein wenig früher – bis sie endlich auf den 2. Juni anberaumt wurde. Es galt nun tüchtig zu arbeiten, dass alles fertig würde, denn im Mai sollte schon alles dort eingerichtet werden. Diese Arbeit ließ ich mir natürlich nicht nehmen, es gibt doch für Brautleute nichts schöneres, als selbst jedes Ding an seinen Platz zu bringen und das ganze liebe Nestchen nach eigenen Wünschen und Wollen einzurichten. So haben wir auch dies miteinander besorgt und meine gute Mutter stand uns mit praktischem Rat und Hilfe treulich zur Seite. Wie im Fluge vergingen nun auf einmal die letzten 3 Wochen mit Besorgungen und Besuchen, denn man wollte doch gern noch allen lieben Bekannten Lebewohl sagen. Leider hatte Max gerade zur Hochzeit eine schwerkranke Patientin, so dass alles sehr beschleunigt werden musste. Bei unsern lieben Bürgermeisters sollte die Hochzeitsfeier stattfinden. Sie ließen es sich nicht nehmen, dem Kind ihres besten Freundes ein Fest in ihrem eigenen Räumen auszurichten. Diese Liebe bleibt ihnen von uns allen nie vergessen! Sie waren es auch, die es ermöglichten, dass alle Geschwister an dem Feste teilnehmen konnten. Am 1. Juni war im „Wettiner Hof" wo die Geschwister wohnten eine kurze Zusammenkunft abends. Max konnte wegen der schwer kranken Patientin erst abends 9 Uhr kommen, wir beide waren daher nur kurze Zeit mit den Verwandten zusammen. Wir hatten uns selbst ja so viel zu sagen da wir uns ja fast 1/4 Jahr nicht gesprochen hatten außer an den drei Einräumtagen, in denen aber die Arbeit und für Max der Beruf die Hauptzeit in Anspruch genommen hatten.

Am Pfingstsonnabend den 2. Juni 1900 brach mit wunderschönem Sonnenschein unser Hochzeitstag endlich an! Wie wundersam doch die Gefühle sind, mit denen man diesen Tag begrüßt, wenn man so lange mit treuestem Herzen entgegengeharrt hat! Es ist vor allem eine unbeschreiblich dankbare Gemütsstimmung, die allen Jubel zurückdrängt. Wie im Traum war mir und in entzückter Verwunderung ging ich umher, als ob es gar nicht möglich sei, dass dieser Tag, den man so oft, so lang ersehnt, wirklich da sei! Aber es war kein Traum, Max, die lieben Eltern kamen und schon schlug die Stunde da wir in Begleitung Vaters und Onkel Wagners auf dem Rathause standesamtlich getraut wurden, wobei es besonders hübsch vom Zufall war, dass wir in dem lieben Vater in dem würdigen Herrn, der uns traute, einen ehemaligen Schulkameraden wiederfanden. 12 Uhr fand in der Lutherkirche, in der ich konfirmiert worden bin, die kirchliche Trauung durch Herrn Pastor Weisflog statt. Es war eine unvergessliche Feier. Auf unsere Bitte sprach der Geistliche über *1. Kar. 13*

„Gott ist die Liebe und wer in der Liebe bleibet, der bleibet in Gott und Gott in ihm! Die Liebe des Allumfassenden, Alleserhaltende, der Allesführende

sei es, was vor allem in der Grundstein sei und welcher die Herzen in allen Lagen in Freud und Leid, Lust unlöslich zusammenschweißt. Nicht die Liebe, einander zu gehören, nein die Liebe, die miteinander lebt und schafft, kämpft und hofft, das ist Gottesfunke in uns, durch den wir Gott begreifen und ihm gefallen können!"

Dies war der leitende Hauptgedanke der Traurede, die uns alle herzlich bewegte. Unter den Klängen des herrlichen Präludiums von Bach verließen wir die Kirche um zu Bürgermeisters Wohnung zu fahren, wo alsbald die Gratulationstour und die darauffolgende Tafel stattfand. Es war eine heitere und große Runde, 35 Personen.

Leider musste die Festlichkeit sehr bescheunigt werden, da Max eine schwerkranke Patientin in hatte, weshalb wir auch schon um 5 Uhr abreisen mussten. Der Abschied von allen Lieben fiel mir schwer, aber das wunderbare Gefühl tiefsten Vertrauens zu meinem lieben Max versüßten diesen Trennungsschmerz und mit freudigstem Gefühl der Geborgenseins und der köstlichen Ruhe reiste ich mit Max in meine neue Heimat – in unser Heim! Ach wie dies wohl tat nach den Tagen des Trubels und der Aufregung der endlosen Besorgungen und Besuche.

Ruhe!

In unserm Heim wartete sie schon, die stille frohe Ruhe – für den Arzt freilich nicht, wohl aber für uns beide in dem Gefühl nun uns ganz zu gehören, miteinander jetzt wandern, schaffen und sorgen zu können! Ein freundliches Willkommen grüßte uns entgegen an der Tür, eine Blumengirlande, unten blühende Blumenstöcke – wie schön!

Und drinnen hatte der gute Schatz schon vorgesorgt, was der Abendbrottisch nur an besten Genüssen darbieten konnte, auch der Pfingstfestbraten lag schon bereit im Speiseschrank und harrte der Hausfrau. Ich glaube kaum, dass eine Hochzeitsreise uns diesen Genuss gebracht hätte, als diese harmonischen Abendstunden und die neuen folgenden Tage, die an innerem Verstehen und neuem Kennenlernen der Anfang wurde, zu einem innigsten Ineinanderleben.

Mitte Juli kamen die ersten Gäste ins Doktorhaus. Die guten Schwiegereltern wollten sich das neugebaute Nestchen anschauen und nach den beiden Küken schauen, die den Flug ins Leben gewagt hatten. Noch war die Verbindung mit Leipzig recht umständlich, es gab noch keine Eisenbahn und auch die Beschaffung von Nahrungsmitteln, Gebrauchsgegenständen schwierig, da oft die notwendigen Dinge erst von Leipzig beschafft werden mussten, was mit großen Zeitverlusten verknüpft war. Auch der Theaterbesuch war dadurch erschwert, denn bei Sturm und Regen war es kein Vergnügen auf der Chaussee zu laufen oder auch bei Mondschein und Käuzchenschreien, Fledermaushüpfen, Telegraphensurren und -klingen durch die Felder zu gehen nach Mitternacht nachdem Wagner'sche Musik die Phantasie mächtig erregt hatte. Der böse Mann lachte natürlich das ängstliche Frauchen aus, aber im

Grunde des Herzens war es dem garstigen Menschen doch ganz lieb seiner Eheliebsten „Schutz und Schirm" sein zu können.

Im August kam Funny von G. aus Amerika auf ihrer deutschen Rundreise von Oelsnitz aus zu uns Leipzigern. Ein liebes Mädchen! Funny wohnt mit ihrem Bruder Fritz in New York. Funny hängt mit herzlicher Liebe an ihren deutschen Verwandten, vor allem an der Guten Mutter M. an – wer hätte sie wohl nicht lieb!?

Das erste Weihnachtsfest erlebten wir in Plauen. Erst bescherten wir uns am heiligen Abend und am 1. Feiertag reisten wir ins Vogtland, sehr zur Freude aller unsrer Lieben in Plauen und Oelsniz. Das neue Jahr 1901 begrüßten wir wieder in unser Heim zurückgekehrt – mit ganz besonders frohem und glücklichem Lachen!

1901

Gottes Güte schickte uns die Hoffnung auf unser erstes Kind!

Welche Gedanken und Gefühle bewegen doch da auf einmal das Herz – ganz anders schließen sich auf einmal die beiden Menschen aneinander, es ist, als ob dichte Schleier gefallen seien, die einem etwas wunderbar schönes bisher neidisch verhüllt haben – als ob man zum ersten Mal tief ins Herz schaue! –

Gott sei Dank habe ich mich auch körperlich immer so unaussprechlich wohl gefühlt in dieser hoffnungsfrohen Zeit, dass ich das ganze wunderbare Gefühl der werdenden Mutter ohne Trübung genießen konnte.

Die Ostertage brachten uns natürlich Mutter und Tante zu kurzem Hiersein. Im April feierte Mutter M. ihren 76. Geburtstag. Dieser Tag, sowie die Erinnerung an unsre schöne Hochzeit war für die Familienglieder bestimmend, wieder festlich zusammen zu sein. Und wegen der lieben Eltern in Oelsnitz. Am 26. Mai war das Fest im „Engel". Leider wurde es etwas getrübt durch Mutters Krankheit. Sie hatte sich eine Lungenentzündung zugezogen und war nur kurz mit, während der Tafel mit anwesend, um ihre Kinder alle zu sehen. Max verordnete ihr Bettruhe, die ihr sehr gut tat, so dass wir sie nochmals auf kurze Zeit sprechen konnten. Wie Max aber schon vorhergesagt, dauerte die Krankheit doch 14 Tage und noch länger fühlte sie sich matt. –

Am 1. August 1901 wurde unsre Gerda geboren.

Die Entbindung war insofern etwas schwerer, als ich vier Tage zuvor eine tüchtige Influenza-Attacke zu bestehen hatte und sich durch die Bettruhe die Lage des Kindes in eine Vorderhauptslage geändert hatte. Mittwoch, den 31. Juli morgens leitete sich die Geburt ein und am Donnerstag Abend 11 Uhr war unser Mädelchen geboren. Ein lebhaftes, aber zartes Kind von sechs Pfund Gewicht. Meine gute Mutter war zur Wochenpflege bei mir eingetroffen und umsorgte das kleine Geschöpfchen mit zärtlicher großmütterlicher Liebe. Ein herziges kleines Wesen, das mit seinen dunkelblauen Augen wie ein Eichkätzchen herumlugte, zart rosig wie ein Apfelblütchen.

Unbeschreiblich ist doch die Wonne, wenn uns so ein Menschenkindlein in dem Arm liegt!

Man glaubt zu träumen, wenn nicht das süße zappelnde Etwas sichtbar und auch hörbar da wäre. Gerda war ja ganz besonders zierlich, obgleich sie nicht gerade klein war, 50cm, ihre Händchen und Füßchen waren aber wie die einer großen Puppe. Zu meiner großen Freude konnte ich mein Kindel selbst nähren. Es strengte mich auch gar nicht an, doch sind wir später zu der Überzeugung gelangt, dass die Muttermilch doch nicht genug gewesen war und dass sich die Unruhe z.b. nach dem Bad doch davon herschrieb, dass das Kind nicht genügend gesättigt war. Es galt eben für uns die Erfahrungen zu sammeln. Nun, Gottes Güte gab unsrer Mausi gutes Gedeihen – zart blieb sie ja, der Doktorvater war manchmal nicht ganz zufrieden aber ich selbst war ja so ein kleines blasses Ding gewesen!

Am 19. Oktober feierten wir die Taufe unserer Maus. Sie erhielt den Namen „Charlotte Gerda".

Die Taufrede sprach Herr Pastor R. sehr schön, indem er an unsere Trautage anschloß. Das altehrwürdige Taufbecken aus Stötteritzs historischer Zeit hatten wir mit frischen Grün und duftenden Veilchen geschmückt. Der kleine Luthertisch, den ich Max als Braut schenkte, ward mit dem Brautschleier in einen kleinen Altar verwandelt, den die Paten umstanden. Unser Kindel war auch so lieb während der Feier und schaute den Herrn Pastor immer groß an. Als liebe Gäste hatten sich die Schwiegereltern, Mutter und unsre lieben Wagners eingefunden, abends waren die Freunde mit anwesend, doch musste Clementine L. bei der Feier vertreten, da er noch Gerichtssitzung hatte. Das Kaffeestündchen hielt nur noch bis gegen sechs Uhr im Hause fest, dann gingen wir nach dem Gasthof wo unsere anderen Gäste sich einfanden, die wir in unseren beschränkten Räumen nicht platzieren konnten. Dort vereinigte uns eine gemütliche Tafelrunde noch einige Stunden. Sogar ein Tänzchen wurde gewagt. – Die lieben Eltern, Mutter, Tante waren am nächsten Tag nochmals unsre Tischgäste – unsre lieben Bürgermeisters mussten leider wieder abreisen. Es war ein fröhlicher Kreis zu dieser Nachfeier, Mutter R. strahlte in ihrer neuen Großmutterwürde, ebenso unsre gute Tante Minna in der Aussicht nun ein neues Persönchen zum Verwöhnen zu haben. Großvater M. und Schwager L. Erfreuten sich an dem guten Tropfen, der aus dem ersten Weinfässchen unsrer kühlen Keller entfloss, alles war froh und glücklich in heiterer Zufriedenheit. –

Tage darauf zogen die guten Eltern weiter zu den Geschwistern, sehr entgegen Mutters Willen, die lieber in unsrer ländlichen Ruhe sich ausgeruht hätte. Ihre Kräfte waren auch recht bald zu Ende, doch haben es leider nur Max' Doktoraugen gesehen. Die Geschwister ließen sich wie so oft schon, durch Mutters unendliche Güte und Liebenswürdigkeit täuschen. Sie hat in Oelsnitz doch noch ziemlich lang gebraucht, ehe sie sich ganz erholt hat, zumal der Großvater Anfang November sich eine Venenentzündung zugezogen hatte, die einige Wochen anhielt.

Das Weihnachtsfest brachte uns natürlich Mutter und Tante als willkommene Gäste ins Haus, sie mussten doch nach ihrem Patenkind sehen! Die ersten Püppchen bescherte das Christkind, für welche aber das kleine lebendige Püppchen noch recht wenig Verständnis zeigte. Viel lieber war ihm ein Buch zum Blättern oder die geschnitzten Tiere.

Wir haben mit Gerda in Bezug auf das Aufziehen viel Mühe gehabt. Die Milchverhältnisse im Dorf waren nicht die besten. Irgendwie mit der Fütterung der Kühe auf gute Säuglingsmilch Rücksicht zu nehmen, fiel keinem der Bauern ein. Natürlich wird die Milch nach genossenem verdorbenem Futter, z.B. verfaulten Rübenblättern, stets Störungen im Wohlbefinden der kleinen Geschöpfe hervorrufen. Und das haben wir leider bei Gerda oft durchmachen müssen!

Nun war das Kind sowieso sehr zart und blass, so dass wir sehr oft die Rücksichtslosigkeit der Mitmenschen empfinden mussten, die dem *armen* Kind jeden Lebensmut absprechen wollten. Aber der liebe Gott hat uns unsre Gerda doch treu behütet, dass sie sich immer kräftiger entwickelt hat. Blass ist sie freilich bis zu ihrem vierten Jahr geblieben, bis die Thüringer Waldluft ihr die Bäckchen dauernd färbte. Geistig war sie dafür um so weiter entwickelt und überraschte durch ihre drollig-altklugen Antworten.

1902

Das Jahr 1902 ging so ruhig vorüber, führte nur vorübergehend liebe Gäste, Vater M., Mutter und Tante ins Haus, war aber sonst ganz dem Beruf in und außer dem Haus in der Pflege und Erziehung unsrer Mausi gewidmet. Im Frühjahr hatte Max allerdings eine böse Darmerkrankung zu bestehen, verbunden mit einer heftigen Neurasthenie[1], die die Folge einer Überanstrengung im Berufe war. Max hatte die Kassen für anderer Orte vertretungsweise übernommen und hatte zu viel zu tun. Gott Lob ging die Krankheit, nachdem ein Herr Dr. Heimwetter zur Vertretung da war, bald vorüber! –

1903

Im Frühjahr 1903 gab Max eine Broschüre heraus, angeregt und aufgefordert durch Herrn Verlagsbuchhändler M. Sie brachte ihm 50 M Honorar ein und betitelte sich: *Der junge Mann und sein Geschlechtsleben.* Welcher Stoff, resp. in welcher Weise der Stoff behandelt wurde, ist nach meines lieben Mannes Lebensanschauungen ohne weiteres klar – Keuschheit in der Liebe, Achtung vor dem Weib die absolute Forderung! Das Büchlein hat hauptsächlich in Bayern viel Absatz gefunden und es kamen auch einige direkte Zuschriften.

---

1 *Neurasthenie gehörte im ausgehenden 19. und beginnenden 20. Jahrhundert zu den Modekrankheiten. Gleichbedeutend heute mit Überarbeitung und leichter Depression.*

Es werden aber zu dieser Fahne leider immer nur wenige Menschen schwören – wenn ein einziger sich hat zum Guten dadurch bestimmen lassen – so ist der Zweck erreicht worden, denn mein lieber Mann verschmähte nicht des Frauchens Beihilfe, die freilich nur klein sein konnte auf solchem Gebiet. Immerhin war es nicht nur schön – auch interessant in das geschäftliche Leben einer großen Verlagsbuchhandlung zu schauen, wenngleich vieles daran befremdet. Eben das Befremden über verschiedene Zustände, hielten Max aber von weiterem Schreiben trotz des guten Erfolges ab. –

Am 18. Juli reisten wir nach Oelsnitz, um unsere Maus als bald zweijähriges Mädchen den „Vogtländern" in Plauen und Oelsnitz vorzustellen. Leider waren die Tage durch Krankheit getrübt. Gerda bekam nach dem Impfen – aber unabhängig davon – wahrscheinlich in Begleitung der Zähne eine den Spitzblattern[2] ähnliche Erkrankung. Ohne allen Anlass zeigten sich auf der Haut plötzlich rote Flecken, Quaddeln, wie nach einem Flohstich, dann ein Bläschen in der Mitte, das aufplatzte und eine wasserhelle Flüssigkeit entleerte. Oftmals war mehr oder minder Temperatur die Begleiterscheinung oder fehlte ganz. Weder Milchwechsel, noch Medikamente halfen, alles versagte. Einfaches Puder und Verbinden waren noch am wirksamsten. Diese quälend juckenden Pusteln stellten sich über Nacht vor der Abreise ein und durch unglücklichen Zufall wurde eine Mischinfektion daraus. Das Mädchen der Eltern hatte eine furchtbare diphterieähnliche Mandelentzündung ohne etwas zu sagen, bis Max am zweiten Morgen das Fieber ansah und sie vernahm. Trotzdem der Kassenarzt Dr. R. das Mädchen sofort ins Krankenhaus schickte, war bei uns die Ansteckung leider schon erfolgt. Zwar haben wir mit dem Vater (Max und ich) noch eine Partie nach Karlsbad gemacht, doch litt wohl meine Stimmung schon unter der beginnenden Erkrankung, wie unter der Sorge, was daheim bei der Großmutter mein Mädchen mache. Wir wurden alle von einer äußerst schmerzhaften Angina mitgenommen, die uns auch in Plauen die zwei Tage noch trübte, sodaß der beabsichtigte Kränzchenbesuch und mit ihm das Wiedersehen mit allen Freundinnen und deren Kindern unterbleiben musste, was ich sehr bedauerte. Wir waren tatsächlich froh als wir wieder daheim in unsrer lieben Ordnung und Ruhe waren; da haben wir uns dann wirklich viel schneller erholt. Es war zu schade und ich muss leider sagen, dass wir nicht allzu duldsam dies Missgeschick ertragen haben, es war ja unser erster Ausflug! Aber es kommt halt oft etwas anders als man sichs ausmalt – mit den Jahren lernt man es auch schon ruhiger hinnehmen. Wir haben aber auch das weise Wörtchen der Mutter vergessen:

„Auf ein Missgeschick soll man nach dem Körnchen Freude suchen, es steckt immer auch ein wenig davon drinnen." –

Im Juni und zwar an unserem Hochzeitstag haben wir, da er gerade auf den 2. Pfingstfeiertag fiel und unsere gute Mutter R. uns für einige Zeit be-

---

2   *Alt für Windpocken*

suchte, eine sehr schöne eintägige Partie nach der Rudelsburg unternommen, die wir scherzweise *ein Stückchen Hochzeitsreise* nannten. Ein sonniges sorgloses hinschlendern – Kindel, Haushalt und Patienten waren ja in guter Hut – ein köstliches Genießen all des Schönen, der Wälder, der wundervollen Fernsichten, der schönen Schulpforte (Kreuzgang) des malerischen Dorfes Altenburg, der majestätischen Rudelsburg, ein glückliches Frohgefühl mit einander schauen zu können.

Es war uns wirklich wie Kindern zu Mute. Als uns ein wie im Märchen auftauchendes, und auch so ausschauendes altes Mütterchen, lächelnd, einen ganz geheimen grünen Pfad am murmelnden Wasser, der uns im kühlen Schatten nach einem wunderbaren einsamen Buchenwald führte, wo nur das durchhuschende Wild und der herrlichste Vogelgesang mit dem Wipfelrauschen die Stille unterbrach, zeigte, war uns wirklich zu mute, als wären wir in einer schönen Märchenwelt. Jedenfalls hatte noch nach Jahren die Erinnerung an dieses Schöne etwas Lebendiges an sich und der stille Reiz tiefer Erinnerung hat sich auch bis heute noch nicht vermindert. Meinem lieben Mann macht es doppelt Freude mir ein solch liebliches Stückchen Gotteswelt zu zeigen, weil ich noch nicht übersättigt bin und mich Gott sei Dank noch an den einfachen Schönheiten die sie uns bietet, herzlich freuen kann. Gebe Gott diese kostliche Gabe auch immer unseren Kindern!

Am 5. September war ein festlicher Tag für Leipzig. Kaiserparade[3]!

Dies militärische Schauspiel musste man doch genießen, wer weiß, wann sich dies wieder einmal so günstig bietet!

Auch Gäste kommen dazu, unsre lieben Oelsnitzer. Es war wirklich ein imposanter Anblick, wie alle dieses Menschenmassen mit einem Schlag sich in Bewegung setzten, das Blitzen und Funkeln der Helme – wirklich großartig. Am meisten interessierte es mich, wie exakt die Pferde ihre Aufgabe lösten, wie sie die Ohren spitzten, sich im Takt der Musik bewegten. Ich habe nie besonders für „zweierlei Tuch" mich exaltiert, aber meine Freude habe ich immer an unserm Militär, das in feiner Disziplin und Exaktheit wohl einzig dasteht und auch bestehen wird. Das kam bei dieser Reiterparade wieder so recht zum Ausdruck. Ihre Majestät Kaiser Wilhelm, Prinz Eitel Fritz, unser verehrter Sachsenkönig waren, dank der guten Gläser, gut zu sehen – denn auf diesem ungeheuren Plan in Lindenthal verliert sich der einzelne Mensch. Interessant und amüsant zu beobachten war auch die schaulustige Menge, die Tausende zählte. Daß wir alle zusammen waren, ist selbstverständlich.

Seit September machte sich bei mir eine Sehstörung bemerkbar, die mich

---

3   *Als Kaisermanöver wurde während der Zeit des Deutschen Kaiserreichs das Militärmanöver bezeichnet, das alljährlich in Gegenwart des Kaisers stattfand. Derartige große Militärübungen waren zu jener Zeit auch in anderen europäischen Ländern üblich*

beim Lesen und Nähen sehr irritierte. Ich habe seit meinem 8. oder 9. Jahr ungefähr ein leichtes beiderseitiges Schielen gehabt, welches ich mir durch schlechtes Licht auf meinem Schulplatz zugezogen hatte. Der damalige Augenarzt in Plauen riet von einer Operation ab, da es ja kein festes Schielen, nur ein zeitweises war, infolge Muskelschwäche. Max hatte mich schon während unseres Verlöbnisses aufmerksam gemacht, daß dieses Schielen (immer nur nach Anstrengungen, ermüdenden Sehens im Sonnenlicht, abends wenn ich müde war, trat es auf) mir später Augenschmerzen bringen würde und operiert werden müßte. Diese Zeit war nun leider gekommen und zwar ganz plötzlich, daß ich nur mit Schmerzen lesen konnte, von Handarbeiten keine Rede.

Am 28 Oktober wurde daher bei Herrn Dr. Sch. die Operation beider Augen vorgenommen im Beisein meines lieben Mannes (ohne Narkose). Sie war etwas schmerzhaft und vor allem unangenehm durch den Verband, den ich 8 Tage tragen musste. Am 3. Tag (am 4. wurde er gewechselt) verlor ich das Gefühl für den Raum, was am Schrecklichsten war, als neige sich jedes Ding vor mir zurück und als wachsen meine Glieder ins Große wenn ich nach einem Tisch oder Stuhl griff. Als der feste Verband gewechselt war, änderte sich das wieder ins Normale um. Gott sei Dank ist alles gut geworden, so dass ich nicht mehr das mir so peinliche Übel, wenn ich es auch nur zeitweise und willkürlich hervorrufen oder unterdrücken konnte, mit mir herumzuschleppen brauche.Nur bei ganz großer Ermüdung oder äußerst lebhafter Erregung kann der Muskel seine Arbeit nicht mehr leisten, aber lang nicht so wie vorher. Else besorgte in dieser Zeit die häuslichen Pflichten, da ich doch nur ganz mangelhaft tätig sein konnte. –

Am 15. November war die Taufe von Richards Jungem, der ihnen am 27. September geboren wurde. Ein festlicher Tag, der alle Geschwister aufs Fröhlichste vereinte. Das Weihnachtsfest führte und Mutter und Tante ins Haus. Gerda erhält zum ersten mal die Puppenstube und meine Puppen worüber sie natürlich hochbeglückt ist. Große Freude machten uns die Vorbereitungen. Max sägte und leimte aus Zigarrenholz und Pappen reizende Häuser, Ställe, Mühle, Brunnen etc. genau nach Ludwig Richterschen Gemälden, die ich dann ebenfalls getreu nach Vorbild mit Ölfarben bemalte. Hühner, Schafe, Pferde bevölkern den Hof dieses Gutes, in dem eine stattliche Anzahl Männchen und Frauchen das Regiment führen. Das hatte unserm Puttelchen rechte Freude gemacht und war so niedlich anzusehen, dass wir Alten selbst unsre herzlichste Freude daran hatten.

1904

Mit dem neuen Jahr 1904 schauten wir wieder einer lieben Hoffnung ins Auge! Wir erwarteten im Sommer unser zweites Kindchen. Wie gut ist es oft, dass uns der Blick in die Zukunft verwehrt ist!

Im Januar erfreute mich Max mit dem Abonnement zu einem Mozart-

Zyklus im neuen Theater, welches fünf Abende umfasste und zwar die Zauberflöte, die Hochzeit des Figarro, die Jupiter-Sinfonie, Entführung aus dem Serail, Don Juan, Basi fan Tutte. Es war ein herrlicher Genuss und ich kann sagen, Mozart hat sich mir mit seinen lieblichen Melodien so ins Herz gesungen, dass er fast darinnen bleibt, trotz aller Moderne. Er hat bei mir sogar Wagner etwas in den Hintergrund gedrängt, vorzüglich durch den Don Juan. Mit wie wenig Mitteln erreicht Mozart da eine erschütternde Wirkung, wie greifen die einzelnen Akkorde wuchtig ans Herz! Max hörte ja alles schon öfter aber auch ihn packte die Macht der Töne aufs neue wieder. –

Schon seit dem alten Jahr war unter der Ärzteschaft Leipzigs erneut die Frage aufgetaucht, ob abermaliger Streik gegen die Ortskrankenkasse nicht endlich Abhilfe der für die Ärzte unerträglichen Bedingungen und damit Friede zwischen den sich ewig reibenden Parteien schaffen werde. Schon im Jahr 1902. *Spätere Ergänzung am Rand: Ich hatte diese schwere Zeit der Sorge um unsere Existenz absichtlich nicht in dieses Buch bringen wollen, ohne zu bedenken, dass der Schmerz nie ausbleibt und auch seinen Segen mitbringt. Max hatte 1902 selbstverständlich sich der Bewegung angeschlossen!* War die Ärzteschaft gezwungen zu streiken, doch hatten sich noch nicht alle Ärzte damals der Bewegung angeschlossen. Diesmal aber traten über 400 Ärzte einmütig zusammen in den Kampf für ihre Standesehre, voran die Universitätsprofessoren. Es war eine aufregende Zeit, als sich die Dinge immer mehr zuspitzten, die Existenz eines jeden Arztes, der mehr oder weniger von der Kasse abhängig war, war gefährdet. Die Sozialdemokratische Presse leistete unglaubliches in der Herabwürdigung des ärztlichen Standes und die Erbitterung stieg aufs höchste, als sämtliche Ärzte ihre Tätigkeit mit einem Schlage für die Kassenpatienten niederlegten und sich unter Ehrenwort, bei Strafe von 1500 M verpflichteten, keine Kassenpraxis mehr auszuüben. Nur in äußerster Lebensgefahr war eine Ausnahme gestattet. Es war eine furchtbare Zeit, die ihre Schatten weit noch voraus warf. Meinen lieben Max hat sie ja nicht sehr geschadet, die Leute kannten ihn und vor allem schon seine Meinung vom ersten Streik her und es haben nur wenige gewagt, ihm darum einen Vorwurf zu machen. Diese harte Maßregel, die dem Arzt als Menschen selbst am schwersten fiel, hat aber endlich den Kampf beendet, die Regierung sah endlich ein, dass auf diese Weise kein Friede zu stande kommen würde und griff Gott sei Dank einmal für den Ärztestand ein, der doch dem Staat so viel Opfer bringt.

Der Leipziger Wirtschaftliche Verband aber wuchs über die Grenzen des engeren Vaterlandes hinaus und wurde zu einem Schutzbündnis gegen Übergriffe der Kassen und zugleich ein festes Band aller Kollegen, die damit Vorteil, Neid, Konkurrenz etc. gegen einander begruben. Möge der Verband immerdar wachen und neue Elemente für das Gute gewinnen!

Im März 1904 haben wir unser Exlibris drucken lassen. Die Entstehungs-
geschichte davon war für uns beide insofern von größerer Bedeutung, als wir
beide unabhängig von einander uns vornahmen – und ohne uns zu bespre-
chen – den Entwurf zu einem Exlibris zu zeichnen. Wie erstaunt aber waren
wir, als wir beide die gleiche Idee verwertet hatten, der *„Mensch der Sonne
der Wahrheit entgegen!"*

Es war uns förmlich feierlich zu mute, dass die Gedanken wieder einmal
so schön begegnet waren.

Das Osterfest 1904 verlebten wir alle in Oelsnitz. Die Streikzeit begüns-
tigte die Reise, denn die anspruchsvollsten Menschen sind bekanntlich die
Kassenpatienten! Dass sich in Plauen und Oelsnitz das Gespräch fast ausschließlich um den Ärztekampf drehte, war natürlich, auch dass Großvater
M. in seiner pessimistischen Art sorgend in die Zukunft sah, war erklärlich,
doch hatte er nach persönlichen Erklärungen Max' den Forderungen der
Ärzte beistimmen müssen.

Am 8. Mai haben wir, als Nachfeier von Max' Geburtstag, der im Beisein
von Lisbeth sehr hübsch verlief, eine schöne Wagenfahrt nach Lindhardt ins
Oberholz gehabt.

Mausi war besonders beglückt über die Hottepferdchen; wir aber genossen voll Freude Nadelwald und Tannenduft!

Ende Mai kam Großvater M. nach Leipzig, wohnte bei Oskars, viermal
war er bei uns und freute sich an der aufblühenden Art, unserem Dorfe.

Mitte Juni kam auch unsere gute Mutter zu uns, um vor ihrem Pflegeamt
noch ein paar Ruhetage zu genießen. Es war ein unerträglich heißer Sommer,
alles seufzte unter der Sonnenglut und Trockenheit. In diesen Tagen, an einem Sonntag dem 26. Juni wurde uns früh 8 Uhr unser zweites Kindchen geboren, ein liebes kräftiges Mädchen von siebeneinhalb Pfund Gewicht. Leider aber konnte ich es aber nicht selbst nähren, da ich eine Brustentzündung
bekommen hatte. So fehlte denn dem kleinen Kindchen ein Grundstock von
Kraft und Energie, des es so notwendig brauchen sollte. –

Als erste Besucherin eine Dame in Trauer – Mutter Else stand am 1. Juli
nachmittags zum ersten Mal auf. Am 3. Juli trat eine Brustdrüsenentzün-
dung ein, die mit hoher Temperatursteigerung 39,5 Grad, am 5. Juli sogar
40,2 Grad mit Parodismen in Form eines Reimzwanges. Das Kindchen gedieh trotzdem ganz gut, es nahm zu, aber nicht viel.

Wir gaben in Anbetracht der heißen Jahreszeit Muffler's Kindermehl
mit Milch und als dieses nicht recht vertragen wurde, mit Sahne. Am 30.
Juli setzte eine Dyspepsie ein, verbunden mit häufigerem Brechen, aber kein
Durchfall; am 2. August trat in der Nacht zum 3. August eine stärkere Dyspepsie ein, die Ausleerungen breiig, dünn gelb, werden grün. Am 3. August 8
Ausleerungen, wenig Appetit, starke Blässe. Am 5. August war das Befinden
etwas besser.

Am 6. August früh nach der mit Appetit getrunkenen Flasche ein kollapsartiger Zustand, der trotz Magendarmspülung und Calomel mit Rotwein nicht weichen wollte.

Nach schweren Stunden musste ich leider das Bittere meiner Ohnmacht einsehen. Unter der Spende der christlichen Taufe im Beisein unseres lieben Freundes Pastor Rosenthal, welkte das Blümchen aus Gottes Garten kraftlos dahin. Unser Schmerz war groß, standen wir doch dem so schnell eingetretenen Schicksal völlig unerwartet gegenüber. Denn die Erkrankung selbst verlief nicht unter gefahrdrohenden (verheißenden) Symptomen, der letzte Stuhl war vollständig normal. So standen wir in großem bitterem Schmerz um unser teures lang umsorgtes Pfand.

> *Doch wer beugt sich Dir nicht?*
> *Dir unserem Schöpfer und Vater,*
> *Vertrauen wir festen Glaubens,*
> *Wenn Du auch Teures uns raubst.*
>
> *Und schicktest Du schmerzliches Leid,*
> *Wir tragen es: Du weißt, was uns fehlet.*
> *Hiob 14,2*

Am Montag, den 8. August wurde unsere Anne Kathrin früh 8 Uhr in Stille auf dem Südfriedhof beigesetzt.

Kurze Zeit nach dem Heimgang unseres kleinen Liebchens lernte ich Frau Clement kennen und der Umgang und die Aussprache mit dieser lieben selbst so bitter geprüften Frau tat mir, wie auch Max unendlich wohl in dieser schweren Zeit.

Ihre zwei Kinder wurden meiner Gerda liebe kleine Spielkameraden – will es Gott wird es, wenn sie verständig werden, eine echte feste Freundschaft!

Mein 29. Geburtstag verlief im Beisein der lieben Geschwister recht harmonisch, mein guter Max umgab mich, wie immer, mit weit mehr Liebe, als ich verdiene. Nun hieß es bald Abschied nehmen von den schönen 20er Jahren! Aber doch mit jedem Jahre fühlt man sich reifer werden, man lernt jeden Tag schätzen – auch mit seiner Alltäglichkeit und das Leben wird dadurch dem Gemüt erst recht wert!

Schon im Sommer hatte Max durch seinen Beruf eine Bekanntschaft mit einem russischen Baron gemacht, dessen sympathisches Wesen ihn sehr anzog. Die gemeinsame Liebe zur Musik brachte die beiden Herren schnell zusammen. Herr Baron entstammt eigentlich zum Teil deutscher Herkunft, da sein Vater Deutsch-Russe war. Er ist bei Odessa in Südrussland geboren und hat große Besitzungen dort unten, welche ihm ein Privatleben in Deutschland gestatten, nachdem er mehrere Jahre in Paris gelebt hatte. Früher war er in russischem Staatsdienst doch zog er aus Gesundheitsrücksichten das Leben im Ausland vor.

Der Zufall führte ihn öfter durch unser Dorf. Er mietet sich in einer hübschen Villa ein und zählte bald zu Max' Patienten. Da Herr Baron nur von Künstlern ausgebildet worden ist und nur für seine geliebte Musik lebte, hat er es im Klavierspiel auf künstlerische Vollkommenheit gebracht und dies war für Max ein unendlicher Vorteil, als er viel von Herrn Baron lernte. Der wundervolle Flügel zog meinen lieben Max natürlich auch lebhaft an. Da kamen die beiden Herren mit gewisser Regelmäßigkeit zusammen und ich hatte auch bald Gelegenheit den „großen" Herrn Baron als Gast unseres Hauses zu begrüßen. Er war von außergewöhnlicher Größe, ich habe noch nie wieder einen so riesigen Mann gesehen, neben dem wir beide zu wahren Zwergen zusammen zu schrumpfen schienen. Unser Püppchen Gerda fing dann auch das erste Mal an sich zu fürchten vor dem großen Onkel, doch sind sie später später recht gute Freunde mit einander geworden. Diese Besuche gehören tatsächlich zu recht schönen Erinnerungen für uns und wir bedauern heute noch herzlich, dass der Ruf des Zaren Herrn Baron zum Dienst fürs Vaterland heranrief, womit die schöne harmonische Zeit zu Ende ging, denn Herr Baron verstand es auch trotz nicht ausschließlicher Beherrschung unserer deutschen Sprache, außerordentlich fesselnd von seinen Studienreisen, wie seinem Vaterland zu erzählen. Dass natürlich die politischen Verhältnisse Russlands oft erwähnt wurden, wodurch man interessante Einblicke gewann, ist selbstverständlich und Herr Baron gab öfters schon der Ahnung Ausdruck, dass seine Bleiben in Deutschland nicht mehr lange der Fall sein dürfte, wenn die Unruhen in Russland einen stärkeren Grad annehmen sollten, eine Ahnung, die sein Bruder bei seinem Besuch bestätigte. Einstweilen genoß er aber noch die schönen friedvollen Tage mit seiner Verwandten, Frl. Wilhelmine, die ihn verstand. Ich hatte auch bald Gelegenheit, diese nette, temperamentvolle Dame kennen zu lernen und freute mich herzlich an ihrer frischen, so ganz anders gearteten Persönlichkeit. Beide hatten, wie sie versicherten, so ungeheuren Respekt vor dem „deutschen Haus", der „deutschen Häuslichkeit", was mich sehr belustigte, da alle Gerätschaften, wie Kaffeetassen, Glasteller etc. mit kolossaler Hochachtung begrüßt wurden und Fräulein mich nicht eher zu Kaffee bitten zu können bis sie auch alles so „hausfraulich nett" habe, wie sie fürchtete mit ihrer Zigeunerwirtschaft (mit der es aber durchaus nicht so schlimm stand) meine Spottlust zu erregen. Herrn Baron wollte aber in Anbetracht der plötzlichen Abberufung keine „Neuequipierung" und sollte ja auch recht haben, als dieser Fall ja eben auch eintrat (1905).

Das Weihnachtsfest verlebten wir mit Mutter und Tante wieder zusammen, es war wehmütig schön, Mausis Jubel verklärte alles. Ich hatte gerade in der

Zeit viel zu tun, da ich kein Mädchen hatte. Das Mädchen welches ich acht Tage vor der Geburt unserer armen kleinen Anne Kathrin bekam, mussten wir plötzlich entlassen, weil sie in ihrer Unverschämtheit nicht zu gebrauchen war. So war ich alleine und die Arbeit lenkte die trüben Gedanken in andere Bahnen, was für meine Ruhe und Gesundheit wirklich gut war, als ich schon durch den Ärger über das Mädchen entsetzlich angegriffen war.

1905

Ein neues Jahr 1905!
Das fünfte in unsrer Ehe schon. Und wieder verklärte die Hoffnung auf ein Kindchen uns die Zukunft und die Sehnsucht danach, war nun diesmal ganz besonders heiß und innig, dass wir beide diese Zeit mit völlig zur Heiligkeit gesteigerten Empfindungen verlebten. Auch trat durch den Verkehr mit so sympathischen Menschen, wie eben Frau Böhmer und Herrn Baron, sowie durch die Bekanntschaft eines „anderen" Künstlers Herrn, Bildhauer Zeißig, so viel Schönes in unser Leben, dass wir oft mit Erstaunen uns fragten, ob wir das wohl von unserem lieben Dorfe wohl je erwartet hätten. Ein Atelierbesuch bei Herrn Zeißig im Künstlerhaus regte dann auch sehr unklar noch die Idee zu einer Plakette für der lieben Eltern goldene Hochzeitsfeier, die im Mai 1905 bevor stand, an.

Er redete uns sehr zu doch selbst einmal zu versuchen, da er einige Modellierproben, zu welchen wir uns erst im Scherz, dann ernsthaft hatten überreden lassen, nicht übel fand. Angeregt durch dieses „Lob" versuchte ich mich dann auch, nachdem mir Herr Zeißig einige Anleitung gegeben. Welche „Arbeit" das aber sein sollte, davon hatten wir noch keine Ahnung als wir frisch ans Werk gingen. Der Künstler hat eben den Blick dafür, wo wir armen Laien so recht mühselig suchen müssen. Auch Max versuchte es fleißig mit, bis endlich nach einem halbjährigen eifrigem Bemühen, die Bildnisse fertig waren und nur noch der feinen Nachbesserungen, wie z.B. der Haare, bedürfen, die wir ohne Vorkenntnisse nicht verrichten konnten. Ebenso waren noch die Buchstaben und die landschaftlichen Motive einzufügen, was in der Zartheit ihrer Andeutung unsrer Finger zu schwer war. Das hat uns Herr Zeißig gern vervollständigt, so dass das Werk wirklich ohne Tadel und recht zu unsrer Freude dastand.
Es war ein dreifaches Fest für die ganze Familie. Am 22. Mai war L.s Silberne Hochzeit, am 23. Mai der Eltern Goldene und Eduard M.s Silberne Hochzeit. So vereinten wir uns am 22. Mai vormittags zu kurzer Glückwunschsvisite bei unseren lieben L.s und abends fuhren wir alle nach dem Vogtland. Wir nahmen unsre Gerda mit, da wir das Kind nicht allein dem Mädchen anvertrauen wollten, wenn wir so weit fortreisten. Ich blieb mit Mausel in Plauen bei Großmutter und Tante, die sich riesig freuten. Max fuhr gleich mit nach Oelsnitz, wo im *Engel* schon die Zimmer bestellt waren. Am anderen Morgen fuhr ich dann auch mit Gerda nach Oelsnitz und wurde von Max abgeholt.

Warum singt ihr so laut
Ihr lieben Vögelein?
Eure Weise sp traut
Dringt mir in das Herze ein.

Wem wollt ihr singen
Aus voller Brust,
Wem soll erklingen
All eure Lust?

Ihr wisst wohl alle
Was mich bewegt.
Dass gern im Tale
Ein Herz für mich schlägt?

Wisst ihr das wohl?
So singt nur zu!
Mein Herz ist übervoll –
Ihr singt mir Ruh!

Es mochte den lieben Eltern wohl eine Beruhigung sein in ihrem jüngsten Sohn einen Arzt bei der doch nicht geringen Erregung bei sich zu haben. So haben wir auch von dieser stillen morgendlichen Feier Kenntnis erhalten. Herr H. kam persönlich um das liebe Paar einzusegnen und überreichte ihnen eine schöne Bibel. Die Eltern waren dann etwas abgespannt, da der Geistliche längere Zeit gesprochen hatte und so war es gut, dass Max da war, um auf die notwendige Ruhe hinzuwirken. Mittag aber strömte von allen Seiten die Schar der Glückwünschenden herbei und es war gut, dass alle die Kinder da waren, die die Gäste unterhalten und bedienen konnten, damit die lieben Eltern sich nicht überanstrengten. – Es war eine fröhliche Tafelrunde dann – die lieben alten Eltern mit goldener Medaille geschmückt im Kreise der Kinder von denen unsere lieben L.s im Silberschmucke erschienen waren. Mutter schreibt in ihrer Familienchronik wörtlich darüber:

„Mein lieber Mann und ich freuen uns immer über das gute Einvernehmen der Kinder, darum soll die Liebe leben! Nicht die junge stürmische Liebe, sondern die tatkräftige hilfsbereite Liebe, welche die Menschen verbindet und der auch wir huldigen. Die Liebe lebe hoch und abermals hoch!"

Als die Tafel fast zu Ende war, zog sich die liebe Mutter zurück, winkte unter der Tür uns allen freundlich liebevoll zu und sprach feierlich: „Über ein Kleines werdet ihr mich sehen, über ein Kleines werdet ihr mich nicht sehen!" Und wir alle ahnten, dass dies ihr einziger Abschied für ihre Lieben sein sollte. Aber trotzdem waren wir wohl ernst doch freudig bewegt und wir blieben in fröhlichster Stimmung noch bis zum Abend zusammen.

Den nächsten Tag verlebten wir noch in Plauen, dann reisten wir wieder heim.

Am übernächsten Tag kam dann Marianna als unser Gast an. Ebenso logierte sich Moritz bei uns, da am 27. Mai L.s und Eduards Silberhochzeit festlich begangen werden sollte. Auch dieses Fest verlief sehr schön und gesellig. Diesmal war es aber eine höchst stattliche Runde, wohl über 60 Personen. Ernste und heitere Vorträge wechselten mit vielen Tafelliedern und wir kamen erst beim Morgensonnenschein heim. Marianne blieb noch einige Tage unser lieber Gast um dann weiter nach Lugau zu ziehen.

Nun aber hieß es für Mutter: Packen! Denn am 5. Juni sollte die Reise in die Sommerfrische gehen. Unsre Wahl war nach langem Überlegen auf die Papiermühle bei Roda gefallen. Als 12 jähriges Kind war ich mit meiner guten Mutter, die zuvor sehr schwer krank gewesen war, lange Wochen, sieben oder acht, dort gewesen und so hatte dies paradiesische Fleckchen großen Eindruck auf mich gemacht.

Es schien sich fast nicht verändert zu haben und da die Spaziergänge auch für die kleinen Beinchen unsrer Mausi meiner Erinnerung nach angemessen erschienen, so wählten wir endgültig diesen Ort. Für unser blasses zartes Mäusel musste etwas getan werden. Da sie erst mit nahezu 4 Jahren feste Nahrung zu sich nahm, sondern nur ihre Milch in der Flasche bis dahin nahm, so war sie sehr blass und schwächlich und machte uns viel Sorge. Überhaupt hat sich eben dadurch unsere Gerda schwer aufgezogen. Sie wollte nicht kauen lernen und hatte so schöne weiße feste Zähnchen. Was haben wir da für Mühe gehabt! Als sie das erste winzig kleine Stückchen Brot mit Butter und etwas Servelatwurst aß, weinten wir Freudentränen. Auch sonst war sie sehr schüchtern und ängstlich – vielleicht haben wir sie auch zu ängstlich behütet – aber wir erhofften viel von einem Waldaufenthalt für sie. Und er hat auch reichen Segen gebracht. Gott sei Dank!

Das entzückende Fleckchen Erde mit all dem herrlichen Wald ringsum, den silberhellen Bächlein hat es auch meinem Max angetan. Es war all die vielen, vielen Jahre wie im Dornröschenschlaf gelegen, ein einziges Haus und die Post waren gebaut worden. Die ehedem niedrigen Bäumchen hatten sich so gestreckt, dass die Wipfel uns in die Fenster schauten. Aber sonst war alles noch beim alten geblieben. O dieser köstliche Duft! Und der Wald nur zehn Schritte weit! Dazu das Rieseln des silberhellen Forellenbaches unterm Fenster. Es war herrlich schön!

Wir hatten ein schönes großes Eckzimmer inne, nach der Sonne zu, weshalb es nie finster, sondern nur halbdunkel wurde. In der ersten Nacht störte uns dies nicht wenig, zumal von allen Seiten die Nachtgeräusche des Waldlebens hereinklangen. Da schmählte ein Ruf, tiefe Töne klangen dazwischen, *hu huh* – klang's ganz nah – *fififii* und dann wie Kinderweinen – die Eulen- und Käuzchensprache, dann gurrten Wildtauben – kurz ein Leben, dass die Sinne, wie im Märchen erregte, dazu ein silberheller Mondschein, kein Wunder, dass man nicht schlafen konnte und den Tönen allen lauschte.

Plötzlich ein Kreischen, ein Krächzen, ein Fifi, und mit mächtigem Klatschen und Prasseln kam ein großes flügelschlagendes Knäul an unser Fenster geschlagen, so dass wir erschraken von so Ungewöhnlichem in die Höhe fuhren. Wechselnde Tierstimmen. Waren es Kämpfer um eine gute Beute? Waren es zwei Liebende? Jedenfalls lachten wir über unseren Schreck und die Märchenstimmung war verflogen, wenngleich uns der köstliche Tannenduft noch die Sinne berauschen wollte. Dann schlief es sich köstlich bis uns am Morgen, ziemlich spät erst, infolge unserer nächtlichen Stunden des Waldlebens, weckte die liebe Sonne. Unser Mäusel hatte richtig schon einen Schimmer Farbe bekommen. Und wie blühte das Kleine auf in der guten Luft und im frischen Waldesgrün. Was gab's da doch alles zu sehen, für das kleine Großstadtkind, denn das ist sie doch, trotz unres Dorfes! Und dieser Blumenreichtum, diese Fülle!

Zum 23. Mai 1905 Begleitwort zur Plakette:

Drei Menschenalter habt ihr fast erlebt
Habt zweien fest vereint begegnet:
Ist es ein Wunder, wenn das Herz erbebt,
Und danke dem Gott, der Euch gesegnet!

Es klingt wie Wär von großem Glück,
Wenn zwei gar innig in einander leben,
Ihr aber schaut auf 50 Jahre schon zurück,
Die Euch der Gott hat für einander geben.

Wie mancher sorgenvolle Zeit ernste Tag,
War Euch in diesem Leben nicht geworden!
Doch Herz an Herz, mit gleichem Schlag
Habt ihr gekämpft mit Trostesworten

Vereint wart Ihr wenn Freude naht,
Und habt vereint auch großes Glück genossen,
So Hand in Hand gingt Ihr den stillen Pfad
Und pflücktet trotz der Dornen Rosen.

Was habt Ihr nicht für uns vereint geschafft,
Ihr, unsre Wurzeln, daraus uns erstanden,
Ist Liebe, Gottesglauben, mit und Kraft,
Gott gab's, dass Eure Enkel solch Eltern fanden!

Es heischt die Sitte, heischt ein denkbar Recht,
Dass man Euch ohne Gab' nichts nahm,
Doch glaub' ich, dankt ein künftiges Geschlecht,
Dass es ein bleibend Bild von Euch empfahn(?)

Geleitet hat uns wohl des Künstlers Hand,
Als wir vermessen Euer Antlitz prüfen,
Die Lieb' zu Euch , war unser Schaffens Unterpfand
Und hat der Künste edle Kräfte wachgerufen.

Wenn dann die Enkel von dem alten Ahn,
In stiller Dämmerstunde sich erzählen,
Wir rührt ein ehrfurchtsvoller Schauer dann,
Sehe wir der Antlitz Züge sich beseelen.

Bald siehts wie Lächeln, bald wie heitrer Ernst,
Die Augen scheinen fast zu glänzen –
Je mehr Du dich vom Bild entfernst,
Je mehr will's labend sich ergänzen

Es spricht die Seele aus dem Herren Bild
Wenn Du das Licht verschieden sendest –
So Leben aus dem Herz, dem Herren, quillt,
Wenn du's mit Lichtstrahl vielfach blendest.

Der Eich'n knorr'ger stolzer Baum
Er soll als Stammes Sinnbild gelten,
Schaut hin auf ihn, seht ihn im Traum,
Und träumt von neuen ird'schen Welten!

Denn wir im steten Fluß des Baumes Saft,
Wie Kronen aus den Wurzeln Nahrung ziehen,
So wirkt in Euch geheimnisvolle Kraft,
Daß aus Euch – durch uns – nun Leben blühen!

Diese schönen bunten Schmetterlinge! Damit ist ja unser liebes Stötteritz fast gar nicht gesegnet. Und die Eichkätzchen! War das eine Luft, es dauerte gar nicht lange so hatte unser kleines zaghaftes Püppchen Mut bekommen und sprang lustig herum, Sogar an *Toll* den großen Hund, wagte sie sich, die kleine Maus. Nach 8 Tagen kamen Großmutter und Tante auch noch mit und wir haben zusammen alte Erinnerungen aufgefrischt und herrliche Tage verlebt. Auch unsere lieben Bürgermeisters besuchten wir in ihrem reizenden Häuschen. Nun, das war so recht nach Gerdas Geschmack, Wiesen mit tausend und abertausend Margeriten, Butterblumen, Mohn, Nelken, Vergissmeinicht, so üppig, dass sie ihr bald ans Näschen wuchsen, Erdbeeren in Fülle und der gute Pate und Tante immer bemüht um das kleine Persönchen!

Auch sonst stiefelte Mausi flott mit, sogar steile Berge und wollte und wollte es mal nicht so rechts weitergehen, so wurde gesungen, Späßchen gemacht oder ein paar Beeren gesucht, dann gings schon wieder. Die umliegenden Dörfer hat unser Püppchen so alle mit besucht, Bobeck, Bollberg, Forsthaus Ascherhütte und so weiter und nur bei weiteren Touren blieb sie mit der guten Großmutter zurück. Uns selbst sollte es auch noch eine schöne Erinnerung werden, durch eine Reise nach Weimar und Eisenach. Gerda blieb mit Großmutter und Tante zurück, so dass wir unbesorgt reisen konnten. Es war noch dazu ein herrlich taufrischer Morgen – wie überhaupt der liebe Himmel uns prachtvolles Wetter in diesen drei Wochen schenkte.

In Weimar wanderten wir zunächst nach Hotel Chemnitzius, welches uns Marianna, die in Weimar in Pension gewesen war, uns empfohlen hatte. Vom Gartentore grüßten uns Arionenfarben und richtig, dort saßen die Rotmützen am Kassentisch und sahen uns neugierig an. Wenn sie den „alten Herrn" geahnt hätten, so wäre meinem guten Mann wohl ein Loch im Beutel geworden – aber zum Freihalten waren unsere Verhältnisse damals noch nicht gediehen. Es war nämlich am Tag zuvor CC-Tag in Weimar gewesen, der alle Sängerschaften Deutschlands vereinte.

Leider am Tag zuvor – sonst hätten wir nicht versäumt, das schöne Konzert zu hören welches die verschiedenen Verbindungen, einzeln und zusammen, der Stadt Weimar gaben. Aber es gab ja anderes in Fülle und wir wanderten sogleich nach dem ersten Frühstück hinaus nach dem Park, vorbei am Denkmal Goethe-Schillers, Wielands, am Wittumspalais usw. nach der Hofgärtnerei, mit dem Liszt -Museum. Wie unendlich freundlich diese blütenduftende Umgebung, das weiße Haus mit den sauberen Stiegen, den blanken Schlössern und oben „Via Alta Paulina", Liszts alte Dienerin, die das Heiligtum hütet, noch wie zu seinen Lebzeiten mit Blumen schmückt und freundlich gesprächig über die Gewohnheiten des Meisters plaudert, alle die Kostbarkeiten unter den fürstlichen Geschenken zeigt und schließlich auch den Flügel öffnete zu Max' Freude.

Die Sonne schien hell durch die blütenweißen Gardinen, die Blumen dufteten süß, es war ein unendlicher Zauber auf dieser Morgenstunde, der noch viel mehr uns umspann, als wir darauf durch den herrlichen morgenstillen Park wanderten. Kein Mensch begegnete uns, nur die Sonnenpracht wuchs, die Vögel jubilierten, Mäuslein hüpften, Falter kosten in der Luft – sonst Ruhe und Schweigen. Und dort schimmerte das „Römische Haus" mit seinen Säulen und die Phantasie zauberte uns die Unsterblichen hervor, so dass wir leiser auftraten, bis ein paar zankende Spatzen uns aus unserer Versunkenheit rissen. Hand in Hand durchschritten wir weiter den herrlichen Park dieses Werk Goethes, an dem er jetzt vielleicht noch größere Freude haben würde – nachdem die Bäume sich so wundervoll entwickelt haben und nun so prachtvolle Gruppen geben, wie Goethe vorausgeahnt hat. Überall an all den denkwürdigen Stätten vorüber, wobei wir uns über die alberne Sitte der Menschen empörten, die mit Stift und Messer alles verunzieren müssen, um ihre Namen ja an allem Berühmten zu schauen. Das liebliche Ilmthal entzückte uns vor allem. Und nun über die Brücke – dort liegt es, das Idyll, das weiß Haus mit dem hohen Dach, der grünen Hecke unter den hohen Bäumen, der Stätte nahen, die Goethe geschaffen hat. –

Lang aber sollten wir und dieser Weltentrücktheit nicht freuen, denn da nahte „Old England" mit langen Schritten und knipste das Märchenhafte hinweg. Und auch im Inneren des Hauses wehte trotzige Luft, die Erklärerin wie ihre monotone Stimme nahm unsere Stimmung hinweg. Und nur im Garten unter den rauschenden Bäumen, vor dem alten Steinsitz wagte sie sich wieder hervor. Dann aber hieß es weiterwandern zu Bibliothek – vor allem zum Haus am Frauenplan, zu Goethes Stadtwohnung. Wie gerne hätte man überall länger verweilt, namentlich im Goethehaus, welches in seiner Einfachheit und all den reichen Erinnerungen an die Großen und ihre Zeit den größten Eindruck auf uns machte. Natürlich wimmelte es von Besuchern überall, aber bald störte es uns nicht mehr, so wurde man von allem gefesselt. Welch rührende Einfachheit des Arbeitszimmers und vor allem des Sterbezimmers, auch wenn man die äußere einfache Lebensweise der damaligen Zeit bedenkt!

Wir trennten uns schwer von dieser Stätte der Erinnerung und besuchten das Schloß und das Museum sowie den alten Friedhof mit den Ruhestätten Herders, Christian Vulpius usw.

Am andern Morgen setzten wir die Fahrt nach Eisenach fort und fuhren zunächst, da der erste Tag doch für mich recht anstrengend war, mit dem Wagen auf die Wartburg. Wie wundervoll diese doch liegt! Und wie herrlich die alten Bauten, wenn man doch malen könnte!

Aber Ach! Oben angelangt verdrießt das geschäftsmäßige Abfertigen der Besucher. Zu so früher Morgenstunde schon um 10 Uhr, verließ ein Trupp Besucher von ungefähr 40 Köpfen schon die Gebäude, worauf erst wir mit einer größeren Zahl Besucher eingelassen wurden. Stimmung, diese schöne andachtsvolle Stimmung beim Anblick der Wandgemälde, des historischen Bodens, konnte nicht kommen bei dem Drängen und Stoßen der vielen Menschen in dem kleinen Raum – abgesehen davon, daß man vieles vorübergehen lassen musste, ohne es nur ordentlich betrachtet zu haben, da die Hast der Führer von Ort zu Ort jagte. Über diese Umstände haben wir seither noch viel Klagen gehört – viel zu ändern mag bei dem Riesenandrang auch nicht sein – aber schön ist es nicht denn man möchte doch die deutscheste aller Burgen mit ihrem reichen Kranz von Erinnerungen und Sagen anders und würdiger genießen. Von der Wartburg wanderten wir hinab den „Tugendpfad", so heißt er wohl, nach dem „Annathal", durch die Drachenschlucht, nach der hohen Sonne mit dem bekannten Wartburgblick, der uns in der Wirklichkeit ebenso überraschte wie entzückte.

Wir wanderten noch bis zur elektrischen Eisenbahn und fuhren zurück nach dem Goldenen Löwen, Fritz' alter Stammkneipe mit ihrem schönen Garten, wo es sich vortrefflich ausruhte. Dann besuchten wir noch Reuters schöne Villa am Fuße der Wartburg. Dort erfüllte uns abermals ein Unbehagen. Bei all unsrer Verehrung für den Stifter, die Reutervilla zu einem Richard Wagner Museum zu machen, ist ein geschmackloser Einfall der Stadt Eisenach. Es erinnert nur das Arbeits- und Sterbezimmer persönlich an den Besitzer und Erbauer. Und der Garten in dem die Rosen dufteten an den Bäumchen, die er selbst gepflanzt. Eine dunkelrote Rose, die der „Kastellan" mir schenkte als er unsere Verwunderung über die seltsame Verwendung der Räume hörte, mit der er als alter untergebener Reuters sehr unzufrieden war, bewahre ich noch heute als Erinnerung an diese Tage auf.

Liebes: Frage.
Du fragst mich, warum ich Dich liebe?
Fragst Du die Sonne, weshalb sie uns Scheint?
Fragst Du die Blumen, weshalb sie blühen?
Und den Gott, weshalb er uns schuf?
Dich zu schmücken blühen die Blumen,
Dich zu erfreuen scheint die Sonne,
Dich zu beglücken schuf mich Dir Gott!
Kann ich da anders, als Dich zu lieben?

Die letzte Woche in der schönen Papiermühle verging recht rasch. Schwager A. kam auf 14 Tage mit nach dort – freilich schon recht leidend. Wir aber ahnten nicht, dass dies schöne Beisammensein das letzte mit ihm sein sollte, abgesehen von ein paar kurzen Besuchen bei seiner Rückkehr nach Leipzig.

Wir unternahmen gemeinsam noch viele schöne Touren, nach Bollberg, Roda, Waldeck, Teufelsthal und wie die schönen Punkte alle heißen. Die letzten Tage war Max nicht mehr mit dort, trotz Mutter und Tante und Schwager und ich freute mich als ich mit Gerda wieder heimfahren konnte. Heim ins liebe Nest und zu meinem Herzensmann!

Am 8. Juli kam Oskar mit froher Kunde seines bestandenen Referendarexamens. Das war eine Freude für uns alle! Oskar ist uns sehr ans Herz gewachsen und so nehmen wir immer den herzlichen Anteil an allem, was ihn betrifft!

Am 19. Juli besuchte uns Herr Baron um sich zu verabschieden, da ihn der Zar nach Finnland berufen hat, als Gouverneur. Das war für uns sehr betrüblich. Der Verkehr mit ihm und Fräulein waren so herzerfrischend, dass wir unendlich bedauerten, zumal beide mit keinen Hoffnungen reisten.

Die politischen Wirrungen waren in Russland und Finnland so stark, dass die Aussichten für alle Beamten sehr sehr unsicher waren. Allein Herr Baron konnte sich der Berufung nicht entziehen, wollte er auch nicht, da das Vaterland alle Kräfte brauchte. Uns und ihm tat es sehr leid und der Abschied war recht ernst, weil man ja nicht wissen konnte, was die Zukunft brachte.

Am 11. August reiste Fräulein ab, schweren Herzens aber fest entschlossen bei Herrn Baron zu bleiben, trotzdem die politische Lage sich um vieles verschlimmert hatte. Herr Baron schenkte Max zum Andenken seine Lieblinge, die Bilder von Rubinstein und Liszt, die nun unser Zimmer schmücken. Von nun an verband uns mit Herrn Baron und Fräulein ein ziemlich reger Brief- und Kartenwechsel. Mancher Brief ging auch verloren oder kam eröffnet an und man musste sehr vorsichtig in allen Redewendungen sein um nicht zu schaden. Es waren entsetzliche Zeiten für die beiden Menschen da oben, in einem Land von landschaftlicher Schönheit, die das Herz wohl trösten, nicht aber beruhigen konnte. Zehn lange Tage und Nächte haben Herr Baron und Fräulein in Todesgefahr geschwebt und hatten mit dem Leben abgeschlossen, weil jeden Augenblick ein Bombenwurf den Palast sprengen konnte. Die gerechte und unerschrockene Art des Herrn Baron aber bändigte die Volkswut und die besseren Elemente der Stadt bedauerten herzlich seine erneute Versetzung als Gouvereur. Allein die grauenhaften Zustände dort haben Herrn Baron bewogen, sich den Abschied vom Zaren zu erbitten, der ihn erst nach wiederholtem Mal gewährt wurde, erst nachdem er erklärt hatte, es sei ihm unmöglich den Bauern dort unten noch den letzten Hoffnungsschimmer zu rauben – wie es die von der Regierung geforderten Maßnahmen mit sich brachten.

Eine kleine Freude aber hatte unser Briefwechsel für unsere russischen Freunde und die Aussprache – so vorsichtig sie auch sein musste – hat ihnen wohlgetan.

Am 28. August des Jahres 1905 verschied sanft unsere liebe gute Mutter M.. Sie war abends ruhig zu Bett gegangen, Vater las noch seine Zeitung zu Ende, Wie allabendlich. Als er zur Ruhe gehen wollte, fand er Mutter sanft und friedlich entschlafen im Bette vor. Mutter hat ein gesegnetes Alter von 80 Jahren erreicht. Für uns alle war der Verlust sehr schmerzlich, wenn man sich auch im Hinblick auf das hohe Alter und auch auf die Abschiedsworte der Mutter am goldenen Hochzeitstag, mit dem Gedanken vertraut gemacht hatte. Max als Arzt wusste, wie sehr Mutter die ewige Ruhe für ihren Körper wünschte, denn sie hatte körperlich doch viel gelitten. Max reiste zur Beerdigung hin und konnte nicht genug erzählen, wie harmonisch schön am Nachmittag das Zusammensein der Geschwister mit dem lieben Vater verlief, als sei Mutter sichtbar mit ihrer lieben Heiterkeit unter ihnen und machte ihre hübschen Späßchen. Ich selbst konnte nicht mehr reisen da ich Ende September meine Entbindung erwartete.

Vater verlebte die kommenden Wochen ruhig und bei anscheinendem Wohlbefinden. Allein das Beste im Leben fehlte ihm und obgleich er heiter und gesund und kräftig war ereilte ihn ein sanfter Tod am 27. September des selben Jahres früh um 9.30 Uhr. Ein Schlaganfall der sich wiederholte. Ebenso sanft und schmerzlos wie Mutter ist er verschieden, der gute Vater, nachdem er am 9. August vorher noch seinen 80. Jahr vollendet hatte.

Diesmal konnte weder Max noch ich zur Beerdigung reisen, da meine Niederkunft jeden Tag erfolgen konnte. Großmutter R. war schon seit einigen Tagen eingetroffen um mir in dieser Zeit zu helfen.

Am ersten Oktober 1905 mittags 12.30 Uhr wurde unser Junge, unser lieber Wolfgang geboren. Ein großer kräftiger Bub von neuneinhalb Pfund Gewicht. Die Geburt war darum etwas schwerer, da die breiten M.s-Schultern sein Erbteil waren. Aber Gottes Güte lenkte alles zum Guten, obgleich die Nabelschnur um das Hälschen geschlungen war und der kleine Kerl schon blau vor Stauung war. Welch heißer Dank und welch innige Freude über das liebe liebe Kind!

Gerda machte natürlich große Augen, als sie sah, was der Storch für ein herziges Brüderlein gebracht hatte. Frau Böhmer war so liebenswürdig Mausi während der Zeit zu behalten.

Während so bei uns Freude einzog, zog bei den lieben L.s aber bitterer Schmerz ein. Am 2. Oktober verschied rasch und unerwartet am Gehirnschlag Schwager A., Fern von denen seinen bei seinem Bruder. Er hatte mit allen Geschwistern und seiner Frau dem Vater am 31. September das letzte Geleit gegeben, Clementine reiste nach Leipzig zurück, er aber nach Naßwitz, wo ihn der Tod ereilte. So war neue Trauer in unsere Familie gekommen und mitten darunter die Freude über unser Kind.

Der alte Eichbaum sank, das neue Leben sprosste! Gebe der liebe Gott dem jungen Spross immerdem glückliches Gedeihen!
Max Wolfgang. Endlich einigten wir uns auf *diesen* Namen. In unserer großen Familie waren schon alle gebräuchlichen Namen vertreten und bei der Verbreitung des Namens wählten wir den urdeutschen Namen und seltenen Namen Wolfgang, während Max des Vaters zweiter Taufname ist, welchem unser Bub hoffentlich immer Ehre macht. – Wolfgang gedieh gottseidank vortrefflich, er war so ganz anders als Mausi.

Eingelegter Zettel im Buch:

In deinem Inneren hast du den Kompass deiner Lebensführung, es ist dein Gewissen. Wenn du es nicht durch Selbstbelügen betäubst, wird es dir immer den rechten Weg zeigen und dir immer zu wahrem Glück, zu wahrer Lebensfreude verhelfen.

Energisch und männlich machte er seine Rechte geltend. Zum Glück war es mir möglich ihn selbst zu nähren, d.h. nebenbei, denn von der Muttermilch ward der liebe Bengel allein nicht satt. Er brauchte danach stets noch sein Fläschchen und machte uns durch seinen Appetit große Freude. Musste die

Ration vergrößert werden, so machte er mächtig Spektakel, sonst aber war er fromm wie ein Lämmchen. Wir merkten gar nicht, dass ein kleines Kind da war. Ein knappes halbes Jahr habe ich ihn nebenbei mit stillen können, dann streikt der Bub, lachte mich der süße Bengl an und jauchzte aber die Brust nahm er nicht, es war das reine Theater, so lachten wir oft über den kleinen lieben Kerl. Gottseidank hatte er nicht Mausis Unart, nicht zu essen. Im Gegenteil, Bubi aß, was er bekam und nahm infolge dessen auch recht schön zu. Wir haben Soxhlet's und den Soxhlet's Nährzucker als das beste schätzen gelernt. Wolfgang nahm zum Beispiel öfter in einer Woche über ein halbes Pfund zu, mehrere Male sogar 420 g, immer 40-60 g pro Tag. Am 10. August 1905 war die feierliche Taufe unseres Jungen. Auch diesmal feierten wir sie im Hause, sowie auch die sich anschließende einfache Tafel. Alle unsere Gäste kamen Hermann M.s, Denkers, Richard, Max P. Junior. Tante Hannel L. war unser lieber Logiergast. Das Taufzimmer war in der selben Weise wie bei Gerdas Taufe geschmückt.

Unser Bub war sehr verständig und guckte sich Herrn Pastor ganz genau an, während Gerda mit großen Augen zuschaute und hinterher entrüstet war, dass Bubi wirklich nass gemacht worden war mit dem Wasser. Er benahm sich aber durchaus „erwachsen", Trotz des nassen – nur war Wolfgang für sein Steckbett zu groß geworden und schaute sogar wie ein Riesensprössling aus.

Eine gemütliche Tafel hielt uns dann noch alle froh beisammen im Haus, wo es sehr eng zuging. Tante Hannel leistete uns noch einige Tage Gesellschaft während die anderen Gäste abends wieder heimreisten.

Diese Weihnachten kamen Mutter und Tante nicht zu uns. Mutter war ja zuvor da gewesen und wollte einmal in aller Ruhe daheim bleiben. So feierten wir das Fest allein, still für uns im Glück über unsere Kinder.

Es nahte das Jahr 1906! Ein Jahr der Sorgen denn es brachte solche im Verlauf mit.

1906

Am 9. Februar hatte Wolfgang sein erstes Zähnchen bekommen, nach vier Monaten! Ohne welche Schwierigkeiten. Wie freuten wir uns darüber, und ahnten nicht, dass die nachfolgenden so schwer kommen sollten. Am 15. Februar kündigte mir mein gutes Mädchen welches mir so treu im Haushalt zur Seite gestanden hatte. Nun war ich wieder einmal vor die Wahl gestellt, denn nach unserem Dorf kam selten ein gutes Mädchen, da es ihnen zu einsam war und ich hatte auch ein ganzes Jahr zu kämpfen mit unsauberen, unfreundlichen und liederlichen Personen.

Mitte Januar erhielten wir die Nachricht dass Herr Baron als Gouverneur nach S. versetzt werden sollte. Er begab sich persönlich nach Petersburg zum Zaren um weitere Befehle entgegenzunehmen. Wenn irgend möglich hoffte er, ablehnen zu können.

Am 9. Februar zeigt sich bei Wolfgang das zweite Zähnchen. Unser lieber Goldbub nimmt schön zu und gedeiht prächtig, pro Woche im Durchschnitt Zunahmen von 160-240 g, sogar oft 320 g und 450 g.

Im April bekam Wolfgang unter lebhafter Unruhe und Fieber abermals Zähnchen, nahm von da an nicht zu sondern ab (Höchstgewicht 19 Pfund 250 g. Nach Calomel, Salzsäure und Pepsinbehandlung besserte sich sein Zustand.

Am 27. April wurde Max nachts sehr unwohl, fühlte sich sehr matt und vermutete eine kommende Nierenentzündung, was leider der nächste Tag bestätigte.

Oh diese Angst diese Sorgen!

Max lag zu Bette, dort stand er während der Sprechstunden auf und besorgte auch seine Praxis, sobald er sich nur ein wenig wohler fühlte, mit dem Erfolg, dass sich das Leiden verschlimmerte. Auf meine dringenden Bitten, gab Max endlich nach und ging mit mir zu seinem lieben verehrten Lehrer G. H., der Max zuredete, sich vertreten zu lassen, womit er mir aus der Seele sprach.

Die Krankheit hielt nun vier Wochen an und beunruhigt mich sehr, zumal das Publikum an eine Krankheit des Arztes nicht glauben wollte und seine Besuche forderte. In dem einen oder anderen dringenden Fall gab Max nach und holte sich ständig einen Rückfall, bis ich in meiner Sorge alle Leute abwies, zumal doch Doktor T. die Vertretung übernommen hat. Zum Glück war Wolfgang in dieser Zeit wieder ganz munter, so dass ich lediglich Max zu pflegen hatte.

Als Max Ende Mai sich wieder nahezu gesund fühlen konnte machte uns aber unser Bubele wieder rechte Sorgen. Er bekam Drüsenfieber, welches damals unter allen Kindern sehr herum ging. Februar zur Himmelfahrt aber verschlechterte sich sein Zustand in so böser Weise, dass uns Eltern tödlicher Schrecken verfolgte. Hohe Temperatur und schleimige Ausleerungen entkräfteten ihn sehr und nach einem kühlen Bad, welches sonst so wundervoll des Fiebers Hitze minderte, bekam er einen Kollaps mit Cyanose, der uns unbeschreiblich erschreckte.

Doch hat Gottes Güte geholfen! Nach Erwärmen mit frischen Tüchern, Rotwein usw. wurde unser Herzliebchen wieder munterer und erholte sich langsam. Doch ist von dieser Zeit das *Böse Wegbleiben*, der *Spasmus glottid. letan.*[4] aufgetreten, welches er bis zum 4. Jahre nicht wieder verloren hat und das uns so manche sorgenvolle Zeit brachte.

So hat Wolfgang in diesen wenigen Monaten sechs Zähnchen bekommen. Eine Zeit voller Sorgen und Unruhe und schlafloser Nächte. Aber Gottes Güte ließ auch diese Zeit vorüber gehen und Mann und Kind waren mir wie neu geschenkt!

---

4   *Stimmritzenkrampf*

In der Zeit vom 2. Juni bis zum 11. Juli weilte Marianne M. als Gast bei uns und brachte uns nach den trüben Wochen wieder Sonnenschein herein.

Am 1. August konnten wir schon Gerdas fünften Geburtstag feiern! Wie doch die Zeit fliegt! Ein Jahr noch goldene Freiheit, heute dann kommt die Schule. Gottseidank isst jetzt unsere Mausi besser und nimmt sich ein Beispiel am Brüderchen! Mit einer kleinen Kindergesellschaft wurde der Tag festlich gefeiert, im Garten wurden muntere Spiele gemacht, so dass man den Jubel weit hören konnte. In diesem Monat wurde auch unser hübsches Gartenhaus gebaut, zu unserer großen Freude: „Villa Sommerlust".

Im September stellen sich bei Wolfgang wieder Zähnchen ein und mit Ihnen vermehrte Krampfanfälle, Fiebertage usw., wieder einmal Unruhe und Sorgen.

Morgenstimmung.

Im fernen Osten geht die Sonne auf.
Mit goldigen Kusse vermerkt sie die schlafenden Wälder und Auen.
Im Traum noch singt ein Vöglein,
da küsst es die Sonne und jubelnder Sang entströmt seiner Brust.
Der Tau liegt noch den Gräsern auf ohne Glanz.
Das strahlende Licht verwandelt die Wiese in ein glitzerndes Meer.
Ein Schläfer träumt am Waldessaum. Kaum hat ihn berührt der Goldige
*   Strahl*
vom liebsten er träumt, er küsst und erwacht.
Seht wie er mit glücklichem Lächeln sich reckt!
Er träumte nie schöner noch!
Oh könnte er immer so träumen!
Im nahen Moor die Nebel steigen!
Das kämpfende Licht vertreibt sie,
Die tückisch dem Wanderer Gefahr verbargen.
Ein arger Kampf, im Nebelgewoge seh ich
die Geister der Nacht in Schlappgewändern fliehen sie schnell.
Der Tag ist da! Mit lautem Jubel begrüßt ihn der wache Wald,
Der Vöglein Sang und der Wanderers Lied.

Von Mitte September an fühlt Wolfgang sich wieder wohl, die Anfälle von Krampf bleiben aber bestehen doch sind sie nicht anders als die „Zahnkrämpfe", wie sie im Volksmund heißen. Max als Arzt, sowie verschiedene seiner Kollegen beruhigen mich hinsichtlich der Gefahr und etwaiger Folgen. Zudem fällt Max wieder ein dass ich nach Mutters Erzählungen selbst dergleichen Anfälle gehabt hätte, wenn mir der Wille nicht getan ward.

Und in der Tat stellten sich auch bei unserem Jungen die Anfälle namentlich dann ein, wenn ihm etwas versagt wurde oder er sich durch Fall oder dergleichen Schreck oder Schmerz zugezogen hatte. Auch Gerda war ja als kleines Kind „weggeblieben" nur nicht so häufig, sie kam durch Anspritzen mit kaltem Wasser schnell wieder zu sich.

Wolfgang dagegen verlangte stärkere Mittel, es musste ihm immer ein mit Äther getränkter Gegenstand unter die Nase gehalten werden, weshalb die Äther-Flasche immer hilfsbereit stehen musste. Er wehrte sich freilich während des Anfalls kräftig dagegen, alleine es half dem kleinen zornigen Bengel nichts, denn wenn der Äther in Mund und Näschen fuhr, holte er rasch tief Luft und der Krampfanfall war vorbei. Er war dann freilich recht matt und unruhig und verlangte stets an die Luft gefahren zu werden. Sobald er im Freien war, wars gut, er schlief oder spielte wieder.

Wie oft, ach wie oft, mein Bub, bist du bei Wind und Wetter unten gewesen im Regen im strömenden, das Mädchen mit dem Schirm oder im Hausflur wo du einzig zufrieden warst.

Am 1. Oktober 1906 konnten wir Wolfgangs erste Jahresfeier frohen Herzens begehen, die lieben Verwandten, darunter Hannel Schenkel, seine jüngste Patentante kamen zum Kaffee und von allen Seiten kammen liebe gute Wünsche und Geschenke für unser Kind.

Neun Tage später feierte ich im Kreise der Verwandten meinen 31. Geburtstag. Wo fliegen die Jahre hin? Gottes Güte hatte in diesem Jahre wieder ganz besonders über uns gewaltet.

Mitte Oktober bekam Wolfgang abermals zwei Zähnchen unter öfterem und längerem Wegbleiben. Am 18. Oktober lief Bubi zum ersten Mal auf der Straße.

Im November haben wir, Max und ich, auch endlich wieder einmal einige schöne Konzerte gehört. Fräulein Stegemann erfreute uns durch einen Schubert-Abend und in einem weiteren Konzert. Auch das Theater besuchten wir einmal.

Nun nahte die Weihnachtszeit heran und mit ihr all ihre schönen Vorbereitungen. Voran das Stollenbacken, was ich diesmal zum ersten Mal in unserer Ehe vornehmen wollte. Nun, sie sind recht gut geworden und es hat mir viel Freude gemacht als die braunen Gesellen so lieblich duftend, glücklich aus dem Ofen kamen und uns allen so wohl mundeten.

Das Weihnachtsfest brachte nun wieder unsere liebe Großmutter und Tante zu uns und wir haben alle miteinander uns herzlich an der reizenden Glückseligkeit unserer Kinder gefreut.

1907

Das Jahr 1907 hielt seinen Einzug. Es brachte uns gleich im Anfang eine Influenza mit, an der die ganze Familie und die Mädchen erkrankten. Doch ging alles gut vorüber.

Im Februar hatten wir unsere Vergnügen vor. Im Frauenchor sowie in unserem Ort und als etwas besonderes im aktiven Chor das Pfingstfest in Anwesenheit Seiner Majestät des Königs. Wir haben durch Zufall sehr gute Plätze bekommen so dass wir alles schön übersehen konnten und auch unseren König in nächster Nähe haben sehen können. Es war ein farbenprächtiges Bild, alles blumen- und fahnengeschmückt, dazu der riesige Saal voll prächtig geschmückter Menschen und darunter die stolzen Sänger mit ihrer warmroten Couleur. Am anderen Tag besuchten wir den großen Ball und haben uns sehr gut amüsiert. Am 23. Februar feierten wir ein größeres Fest mit Tafel und Tänzchen zu dem wir alle herzlich gerne beieinander waren. Marianne kam als unser Gast zu uns. Am folgenden Tag kommen Hermann M.s zu uns zum Kaffee und reisten dann am Abend mit Marianne wieder heim.

In den folgenden Tagen war Wolfgang nicht ganz wohl, die Augenzähne kamen durch.

Im März hatte ich abermals Mädchenwechsel. Habe ein halbes Jahr lang zwei Mädchen gehabt, da Lisbeth B. Konfirmandenunterricht hat, kommt sie zu Ostern ganz zu uns.

Das Osterfest verlebten wir wieder mit Großmutter und Tante. Großmutter kam schon einige Tage zuvor. Großer Jubel herrschte bei den Kindern, als das Osterhäschen kam und eine ganze Menge Eier im Garten versteckt hatte. Im Grünen saß sogar ein Schokoladenhäschen welchem die gute Frühlingssonne so warm das Pelzchen beschien, dass ein Ohr abschmolz, worüber sich Gerda so amüsierte, dass sie nicht aus dem Meckern heraus kam.

Anfang April impfte Max unseren Wolfgang. Eine Pustel kam, doch brachte der Juckreiz vermehrte spasmophile Anfälle mit sich. Wir schalteten infolgedessen die Milch ganz aus und änderten die Kost ganz um – in vorwiegend Gemüsekost, was Wolfgang auch gut bekam.

Ende April bekam Gerda einen Ohrkatharr, der aber bei Bettruhe rasch vorüber ging.

Zum 4. Mai feierten wir mit den Geschwistern und unseren lieben L.s Max' Geburtstag in fröhlicher alt gewohnter Weise. Ende Mai beteiligten wir uns zum ersten Mal an einer Partie des Frauenvereins nach Rötha. Mitglied war ich schon seit zwei Jahren, doch habe ich mich wegen der Kinder, namentlich Wolfgangs wegen, noch nicht beteiligt.

Es war ein ganz reizendes Vergnügen und machte uns allen riesigen Spaß, zumal da wir uns rasch zusammen fanden. Durch die Kinder war ich ja noch nicht viel fort gekommen und mit den Damen unseres Dorfes zusammen gekommen. Diese fröhliche Partie war aber so recht geeignet uns auch näher zusammenzuführen und wir fanden schnell – gerade in Folge der Kinder – gleiche Berührungspunkte. Von diesem Zeitpunkt an war ich mit unserem Frauenverein fest verbunden. Mitte Juni nahm Max Geigenunterricht. Schon lange war es sein Wunsch. Max' Geige lag unberührt im Kasten. Die wenigen Stunden, die Max während seines Zwickauer Aufenthaltes genommen hatte, waren nicht genügend gewesen, um ihm Freude am Spielen zu machen, weil er die Unzulänglichkeit des Könnens schmerzlich empfand. Gerade weil Max auf dem Klavier so vortrefflich war, fühlte er es doppelt.

Endlich hatte Max meinen Bitten nachgegeben und sich mit einem älteren Herrn in Verbindung gesetzt, der die Stunde gerne übernahm. Herr B. gehörte dem Gewandhausorchester an und war ein vorzüglicher und strenger Lehrer, bei dem nicht nur Max tüchtig vorwärts kam, sondern auch ich später am Klavier tüchtig „spinnen" musste. Denn als Max soweit war, mit Klavierbegleitung spielen zu können, machte es mir Freude, mitzuspielen. Mitunter aber auch Pein, denn Herr B. verlangte recht viel und war mit unter auch sehr sehr streng, ja grob. Aber gelernt habe ich unendlich viel und er war trotz aller „Borstigkeit" ein lieber gemütlicher alter Herr und wurde im Laufe der Jahre unser lieber Vater Buchmann, von den Kindern, wie von uns immer mit großer Freude begrüßt.

Was haben wir doch schöne schöne Stunden verlebt! Erst ein gemütliches Kaffeetrinken und Plaudern, dann die Stunde, die freilich oft genug durch die Abberufung des Arztes gestört wurde. Und nach der Stunde, wenn es die Zeit bei beiden Herren erlaubte, ein freies Musizieren, wobei Max den Klavierpart übernahm. Bald genügte eine Geige nicht mehr, eine zweite kaufte sich Max dazu, Wieder musste ich am Klavier einspringen und musste, so gut es gehen wollte, aushelfen. Ein regelmäßiger Hörer war dabei unser lieber Oskar. Er war schon Jahre lang unser liebster regelmäßiger Gast, jede Woche, wenn er abkommen konnte. Und in all den Jahren ist er uns so ganz und gar ans Herz gewachsen, dass wir uns gar nicht denken konnten, dass es einmal anders werden könnte, als dass er eben immer zu uns käme. Da er aber nun vor dem Assessor stand, würde er wohl einmal versetzt werden. Vorderhand aber war er eben noch regelmäßig bei uns und wir schieben den Gedanken noch weit von uns.

Oskar mit seinem feinfühlenden Wesen, seiner hohen geistigen Bildung und liebevollen Gemütstiefe war aber auch ein lieber prächtiger Gast, der Herrn Buchmanns Herz schnell gewann. Unser Vater Buchmann nämlich war das, was man einen „grantigen" Musiker nennt. Er spielte die schönsten Sachen – aber bloß für uns – nicht für andere, sobald jemand zuhört, der ihm nicht passte, rückte er ab! Oskar aber konnte sich rühmen, ganz seinen Beifall gefunden zu haben!

Im Sommer 1907 Beteiligten wir uns auch erstmalig an einer Partie des Frauenchors nach Riesa – Meissen. Auch diese Partie schloss uns fest an den Verein. An den Festen und Veranstaltungen des Chors hatten wir uns noch nicht regelmäßig beteiligt, einerseits wegen der kleinen Kinder, andererseits der Kosten wegen. Von dem Tage an aber ließ man uns nicht mehr los und wir sind auch regelmäßig von da ab mit gewesen, eine Zeit lang sogar zu den Gesangsproben und Aufführungen. Die Meissner Fahrt war ganz reizend. Mit dem Güterzug bis Riesa, mit dem farben-bewimpelten Schiff bis Meissen. Dort Böllerschüsse von den Dresdner Arianen und Zug zum Dom, weshalb der Frauenchor ein Motette gab.

Das war ein Klettern in dem engen Turm mit stuhlhohen Stufen im Finstern, denn der Turm war noch im Bau, endlich oben! Eine dicht gedrängte

Menge – ganz Meißen wartete auf den Genuss. Ei da wird man stolz auf den Ruf unseres Chors sein. Wir sollen auch brav gesungen haben. Nach dem Mittagsmahl besichtigten wir, in Persona Max und ich, die Albrechtsburg allein, das war wunderschön. Im Betrachten solcher Zeit- und Geschichtsmäler sind wir gern ohne große Begleitung, man kann es nur leider nicht immer so stimmungsvoll haben. Sehr schön war auch die Heimfahrt abends im Schiff im Mondschein, der sich auf den Wellen zitternd wiegte. Dazu die lieben alten Lieder und Quartette gesungen. Das war ein schöner Schluss des festlichen Tages.

Zu meinem Geburtstag kamen die lieben Verwandten wieder vollzählig und wir waren fröhlich zusammen.

Am 14. Oktober 1907 reisten wir nach Plauen. Onkel und Tante Wagner feierten ihr silbernes Hochzeitsfest und da durften auch wir nicht fehlen unter den Gratulanten, hatten wir doch den beiden lieben Menschen so viel zu danken. Es war eine wunderschöne ernstheitere Feier. Wieder saßen wir in dem Raum an der Hochzeitstafel, die sieben Jahre früher für uns festlich geschmückt war. Liebe alte Bekannte sahen wir wieder und der Festtag selbst war so harmonisch und heiter, dass wir ihn gerne in Erinnerung behalten werden.

Am anderen Abend reiste Max wieder zurück nach Leipzig, ich blieb bei meiner lieben guten Mutter und Tante, die glücklich waren, mich mal wieder bei sich zu haben. Wir besuchten die alten lieben Städten, den Park, die Stadt und vor allem A.s Grab.

Ach und die Besuche!

Mein liebes altes Kränzchen kam gleich zweimal nacheinander zusammen als es wie Lauffeuer sich verbreitete: S' Nickel ist da. Das ist aber auch schön, wenn man mal so wieder heim kommt. Das gab ein Erzählen und Fragen! Und Sehen! Hannah Dräger hatte fünf Kinder, Else Harten vier Kinder – auch jeder einen Buben! Frieda zwei Mädchen – ja so waren die Jahre vergangen! Und Else Werding war schon Wittwe. Martha Gansel nimmer noch so schön und liebevoll, doch kein Kindl sang und sprang durch ihr schönes Haus. Schade, Schade, Martha gleicht so ganz ihrer schönen Großmutter, warum konnte sie ihr liebliches Gesicht nicht auch einem Kinde mitgeben?

Viele Freude machte ich auch der guten Tante T. mit meinem Besuch und Helene Zuschke, sowie der lieben Tante Liesel und Stelzners. Ach was gab es da zu schwatzen, der Tag hätte noch einmal so lang sein können, ich hätte mich teilen mögen, um zu allen kommen zu können. Denn da waren doch vor allem auch unsere lieben Dankers, die mich mit Beschlag belegten. Und Mutters Kränzl! Und nach Oelsnitz musste ich doch natürlich auch und freute mich auch darauf wieder mal dort zu sein, die lieben Verwandten zu sehen und die Ruhestätte der Eltern zu besuchen. Ein zweites Mal trafen wir uns mit H.s noch in Pirk bei schönem Herbstwetter.

Auch meine lieber Hannah S. besuchte ich, sie hatte ein lieb reizendes kleines Mädchen von einem Vierteljahr, doch starb es leider später wieder. Die großen Kinder hatten sich kräftig entwickelt. Auch schien sich die Familie wieder in etwas besseren Verhältnissen zu befinden, doch fürchte ich, Wilhelm wird nicht lang mit seiner Herrennatur in dem neuen Geschäft aushalten. Und Hannah hat leider keine mütterliche Führung in der Jugend gehabt, hat also nicht wirtschaften gelernt. Es ist doch zu schade um so ein paar prächtige Menschen, denn im Grunde sind die Anlagen gut, nur nicht richtig geleitet. Was haben wir doch unseren geliebten Eltern alles Gutes zu danken! Jeder Besuch bei Hanna bringt mir das wieder doppelt zum Bewusstsein!

Es waren wunderschöne Tage daheim, am schönsten morgens und abends in Großmutters gemütlichem Plauderwinkel und doch war man nicht ganz mehr „daheim". Die Gedanken wanderten immer mal zum Liebsten und den Kindern. Nach acht Tagen war ich dann auch wieder bei Ihnen und das Leben ging wieder in altem Trott dem Weihnachtsfest zu.

Verschiedenes habe ich aber noch für die Zeit vor meinem Geburtstag einzufügen. Ich verwechselte meine kleinen Tagebücher die mir zum Aufzeichnen dieser Zeilen dienen und muss so noch einfügen:

Im Juli kam unsere Liebe Großmutter auf vier Wochen zu uns (Tantchen kam leider nicht vom Geschäft fort). Das ist immer eine schöne schöne Zeit, wenn wir unser liebes Muttel bei uns haben! Bis zu ihrem Geburtstag ließ sie sich aber nicht halten, den will sie in ihrem Kränzchen-Kreis und mit Tante feiern. Schöne Spaziergänge haben wir mit Mutter gemacht. Ein Arionen-Sommerfest und sogar einen Katerbummel, der Mutter viel Vergnügen bereitete.

Da unsere Liebe Großmutter bei uns war, konnten wir auch einmal ohne Sorge die Einladung unserer lieben S. nach Lugau zu kommen, annehmen, denn Wolfgangs Wegbleiben machte uns immer noch Sorge und wir wollten ihn dem Mädchen nicht alleine überlassen. Unsere liebe Großmutter aber hütete unser Herzblättchen mit aller erdenklichen Liebe und Sorgfalt, so dass wir uns den Ausflug schon gönnen durften.

Am 13. Juli reisten wir vergnügt wie zwei entwischte Schulkinder ab nach Lugau, wo wir so viel schöne Stunden in unserer Brautzeit verlebt hatten. Liesel holte uns mit dem Wagen ab, aber der Himmel war uns nicht gnädig, es regnete den ganzen Tag und die Fahrt zeigte uns die altbekannten Ortschaften nur im trübseligsten Gewande.

Bei unseren lieben P.s wars aber alsbald umso gemütlicher. Der folgende Tag bescherte uns sogar das sonst zu Max' Geburtstag übliche Speckrückenessen, wozu Dr. B. uns Dr. Sch. mit Braut geladen waren. Am frühen Morgen aber waren wir, Max und ich, rasch einmal nach Oberlugau gewandert und die Zechenbahn entlang über „Gottes Segen" zurückgekommen, denn wir mussten uns doch in dem Elternnest wieder mal umschauen. Das Wetter war besser geworden, wenn auch zeitweise der Himmel noch eine ganz böses Gesicht zog. Er war aber so gnädig, uns sogar ein Stündchen im Garten zu gestatten. Der schöne Garten, der alte drüben am alten Haus, war schon so schön und nun erst dieser! Und das Obst, das Gemüse! Es muss doch herrlich sein, solche Schätze eigen zu nennen und gleich am Haus – von der Hand in den Mund!

Neffe Max führte uns auch auf unsere Bitte im Werk herum und wir besahen wieder mit Interesse die wuchtigen Anlagen und hörten das Rollen und Sausen, das Hämmern und Pochen rastloser Arbeit – Tag und Nacht, Sonn- und Wochentag, dies unermüdliche Werk von Arbeit und Pflicht. Fast schämt man sich als müßiger Zuschauer im Sonntagsgewand, und man möchte den schwarzen Gesellen zurufen: Denkt nicht, dass wir faule Genießer sind, auch wir tun unsere Pflicht, die freilich nicht so schwer wie euer Tagwerk ist!

Das alte sinnige „Glück auf" aber tönt jetzt verhaltener aus dem Munde der Arbeiter Es wird mehr und mehr durch den üblichen bürgerlichen Gruß verdrängt. Schade, ja wir Menschen betrachten es eben immer mehr als ein Privilegium, dass uns Gottes Sonne scheinen muss!

Am Montag rückten wir mit unserem Neffen Max zeitig aus. Er führte uns einen schönen Weg, durch Wald und Wiese – ungebahnt – nach Oelsnitz. Es war ein tüchtiger Marsch! Die Sonne lachte hell, der Regen hatte das Grün fast maienhaft erfrischt, die Tropfen leuchteten wie Edelsteine im Gras – aber umso öder schauten die schwarzgrauen Fensterläden der Häuser von Oelsnitz ins klare Himmelslicht, dass die trostlose Armseeligkeit der Bergbewohner bis in den hintersten Winkel ihrer kahlen Stuben schonungslos dem Vorübergehenden enthüllte. Blasse, bleiche Kinder sitzen auf dem Haustürstein, selten schmücken ein paar Gardinen die Fenster oder ein paar Blumen nicken vom Fenstersims. Im Gärtchen sieht es lustiger aus, da wächst und blüht es bunt durcheinander und die größeren Kinder balgen sich lebhaft auf der Gasse herum und zeigen, dass das Geschlecht trotz aller Entbehrungen und Kargheit doch empor möchte, um die schwere Arbeit metertief im Schoß der Erde auszuüben.

Am Nachmittag konnten wir noch mal im Garten Kaffee trinken, dann begleitete uns Ida wieder im nach Hohenstein und um 10.00 Uhr trafen wir in Leipzig wieder ein. Zu unserer großen Freude hatte Wolfgang der guten Großmutter keine Sorgen gemacht, war schön brav gewesen und war nicht einmal weggeblieben. Er leistete sich dafür gleich am anderen Tag das Vergnügen, gerade als Tante Clementine und Oskar zum Kaffee da waren. Es ist doch eine böse Sache und wenn es ja auch nicht gefährlich ist, so ist doch dieses Unbeherrscht-sein, dieses Nicht-Hemmen-Können recht quälend für das Mutterherz, zumal man sich die Schuld geben muss als der vererbende Teil.

Am 26. Juli kam unser lieber Oskar auf einige Tage zu uns. Er fühlt sich gar nicht wohl, hatte zeitweise quälende Darmschmerzen, verbunden mit heftigen Rückenschmerzen und will deshalb einige Zeit unter ärztlicher Aufsicht und Diät bleiben. Uns ist natürlich unser Oskar ein herzlicher Gast, möchte er sich recht erholen!

Haus L. und Fränzel kehrten auch als Tagesgäste im Juli bei uns ein.

Am 4. August, einem sonnenklaren Sonntag, sprach am Vormittag zu unserem großen Erstaunen eine Deputation von drei Herren des Militärvereins vor, die Max feierlich zum Ehrenmitglied des Vereins ernannte. Ein Schritt, der uns vor allem deshalb freute, als er unsere Beziehung zur Gemeinde festigte, denn die Gemeindemitglieder rechneten Max dadurch ganz zu sich gehörig und erkannten damit auch voll Max' ärztliches wie soziales Wirken an.

Im August dieses Jahres bekamen wir auch die heißersehnte Wasserleitung! Endlich hörte das beschwerliche Wasserholen vom Brunnen auf! Wenngleich das Wasser von einer köstlichen Frische war und das Wasserleitungswasser nicht entfernt an den kräftigen Geschmack reichte, so war es uns trotzdem eine große Erleichterung, denn der Horn war nicht allein schwer zu handhaben, da das Wasser 25 m tief herauf geholt werden musste, nein er war auch fast ständig kaputt, so dass man auf einen Eimer Wasser etwa 40 Schläge des Schwengels rechnen musste – eine große Anstrengung für die Mädchen, so dass man in sparendster Weise mit jedem Tröpfchen Wasser umgehen musste. Außerdem war das Wasser durch seinen Salpetergehalt ganz schrecklich hart, was insbesondere für die Wäsche nicht dienlich war. So begrüßten wir den Strahl aus dem Rohre mit großer Freude und haben in Anbetracht aller vergangener Nöte und Quälereien den blinkenden Hahn mit einem Wiesenkränzlein geschmückt. Er sollte uns aber noch einen viel größeren unschätzbare Dienste erweisen – er gewöhnte in kürzester Zeit unserem Bubi das Wegbleiben ab. Hält mans für möglich? Zweimal nur der scharfe Strahl über des bösen Buben Stirn angewandt und es genügte! Man brauchte später im Fall nur zu drohen:

„Junge ich halte dich wieder unter die Wasserleitung!"

Und der kleine Strampelgeist bezwang sich und holte von selbst hübsch artig Luft, ohne äußere Mittel. So wurde die neue Wasserleitung zum mit Erzieher! In den ersten Tagen aber brachte sie uns allen, infolge der neuen Bleirohre eine empfindliche Darmstörung, die namentlich unserem lieben Oskar sehr zu schaffen machte. Das tat uns sehr leid, denn er musste doch einige Tage das Bett hüten und war doch zur Erholung zu uns gekommen. Auch mein Mädchen musste sich legen. Nach etwa acht Tagen war endlich alles wieder wohl.

Mitte August besuchte uns zu unserer Freude Fräulein W.

Herr Baron ist aus dem Staatsdienst gnädigste entlassen worden und hat die Absicht nach Loschwitz zu übersiedeln. Wie wohl wird ihm nach all den Erlebnissen die Ruhe tun! Wir bedauern ja unendlich, dass er nicht wieder nach Leipzig kommt, wo er 14 Jahre gelebt hat, Aber es ist ihm ja nicht zu verdenken, wenn er sich einen landschaftlich gesegneteren Ort auswählt. Die Wahl von Loschwitz traf er hauptsächlich, um zum Bergsteigen gezwungen zu sein, er war in Finnland durch das viele Wagenfahren stark geworden, Was ihm bei seiner außergewöhnlichen Körpergröße zu schaffen machte.

Die Musik-Stadt Leipzig vermisste Herr Baron, trotz der guten Musikpflege Dresdens sehr, dafür entschädigte eben die wundervolle Umgebung.

Wir waren in der Folgezeit wiederholt in dem gemütlich schönen Heim oben bei der schönen Aussicht und haben unvergesslich schöne Stunden mit den beiden Menschen verlebt.

Ende August 1907 ging unser lieber Oskar nach Aschatz als juristischer Hilfsarbeiter. Damit hörten nun seine lieben regelmäßigen Besuche bei uns auf, zu unserem größten Leidwesen, obgleich wir uns mit freuten, dass Oskar wieder einen Schritt vorwärts tun konnte.

Der Herbst brachte mir wieder Gelegenheit mich mit meinem Steckenpferde beschäftigen zu können. Im Buchgewerbehaus hatte ich gute Anregung zum Studium alter Mönchsinschriften und Initialen und ich habe manch köstliche Stunde beim Vertiefen in das reichhaltige Material erlebt. Auch in das Gewandhaus kam ich nun regelmäßig oft durch Vater Buchsenus' Freiplatz, was dem Geldbeutel besonders zuträglich war.

Es ist so schade, dass es nicht möglich ist, mit Max zusammen das Schöne zu genießen, aber der Beruf duldet eben keine Extravergnügen, wenigstens nicht in den Vormittagsstunden. Ich musste schon sehr dankbar sein, dass ich so viel und oft Schönes genießen durfte, da ich mich auf mein Mädchen, meine Lisbeth L. (sie war mir durch 14 Jahre eine treue Hilfe) durchaus verlassen konnte. Die Abende brachten uns dafür umso schönere Stunden im Lesen unseres geliebten Altmeisters Goethe. Sobald die Gelegenheit eine ruhige Stunde bot, lasen wir uns gegenseitig vor. Wilhelm Meister, Italienische Reise, Unterhaltung deutscher Ausgewanderter usw., wie viel Freude und Bereicherung haben wir daraus geschöpft!

Das Weihnachtsfest 1907 brachte uns wieder viel Jubel und Freude ins Haus. Großmutter und Tante waren unsere lieben Gäste und freuten sich herzlich mit uns an den Kindern. Auch das Stollenbacken war für mich ohne Fährlichkeit vorüber gegangen, die Stollen waren prächtig geraten.

Hier endet der erste Teil der Aufzeichnung.

Nov. 1941

Nie nahm ich mir Zeit in all den Jahren in dies Buch von unserem wechselvollen Erleben weiter zu berichten. Und nun, da ich die Zeit hätte, nimmt mir ein höherer Wille die Feder aus der Hand, – die Sehschärfe meiner Augen ist so gering geworden, dass ich mit der Lupe kaum sehen kann und nur nach Fühlung schreiben. Wie viel hab ich versäumt, wie wechselvoll waren die Jahrzehnte, was alles haben wir erlebt, was ist an uns vorüber gezogen an Freude, an Leid, an guten und bösen Erfahrungen, an Schönem und lieber Not und Sorgen – eines aber wuchs gewiss mit uns: der Glaube an Gottes Schutz und seine Fürsorge für uns Menschen!

Und wie köstlich es ist, wenn wir uns ganz der Führung unseres Herrn und Heilands Jesus Christus anvertrauen. Nicht leicht ist es, die Gnadenhand zu erfassen, immer will der Verstand uns abziehen, bis endlich der Glaube gesiegt hat!

Eine knappe Übersicht über die Ehejahre bis heut Nov. 1941 soll das Erlebte festlegen. Wenn dann zu einem oder anderem breitere Ausführungen zu schreiben vergönnt sein werden, dann soll es geschehen:

Ich beginne mit unseren schönen Reisen: 1905 wollten wir in die Schweiz reisen, da bekamen die Kinder Masern. Doch erlebten wir in dieser Zeit, dass das erste Zeppelin-Luftschiff an unserem Haus vorüber kam, auf der ersten Fernfahrt von Friedrichshafen nach Berlin. Welche Freude als der silbern schimmernde Koloss am Horizont auftauchte und näher und näher kam!

1910 kam die erste ersehnte Schweiz-Reise. Die gewaltigen Eindrücke davon habe ich einem kleinen Extraheft anvertraut.

1911 waren wir vier Wochen in Tabarz in Thüringen. Gerda hatte Gelbsucht zuvor und sollte sich recht erholen und da die gute Waldluft schon einmal 1905 (Papiermühle) so gut tat, fiel unsere Wahl auf Tabarz. Mit dem Ausflug nach Göschwitz, Weimar, Eisenach sollte ein extra Kapitel entstehen!

1912 war die schöne internationale Baufachausstellung, kurz „IBA". Auf dem Brachfeld hinter dem Tonberger Gut entstand wie von Zauberhänden ein reizvolles Stück Park mit Blumenteppichen, verzierten Gebäuden, riesiger Leuchtfontaine. Musik, geputzte Menschen belebten das Ganze und alle Welt traf sich nachmittags auf dem Ausstellungsgelände: Waren das sorglose Zeiten!!

1913 aber sollte sich schon ein Schatten zeigen am politischen Horizont. Es stand die Einweihung des Völkerschlachtdenkmals bevor. Es war viel gefabelt worden, die Franzosen wollten es sprengen. So wurden monatelang alle Schleusen bewacht, die Deckel verplombiert, alle Anlagen bewacht, bis der 18. Oktober kam. Wir hatten die Fenster mit Fähnchen in deutschen, sächsischen, bayerischen, russischen und italienischen Farben geschmückt, da die Fürstlichkeiten nach dem Völkerschlachtdenkmal in Park Meusdorf (also bei uns vorüber) fahren würden. Am Südfriedhof fuhr Artillerie auf, die Straße war von Baum zu Baum mit berittenen Soldaten besetzt – jeder Zugang war abgesperrt.

Tante Lara Rosenthal war mit den Kindern zu uns gekommen, die Parade zu sehen. Ganz leicht war es uns nicht ums Herz, als wir beiden Frauen unsre Männer zum Denkmal zur Feier gehen sahen, denn der Gedanke an eine Katastrophe war immer noch in aller Munde.

Es hat sich nichts Böses ereignet. Die Feier nahm ruhig ihren schönen Verlauf, 23 Fürsten waren neben dem Kaiser anwesend, die nach der Feier alle bei uns vorbei fuhren, das schwarze Burgdenkmal zu besuchen. Wir standen unten auf der Straße mit wenig Menschen, die nicht zum Denkmal gelaufen waren und konnten so alle Fürsten in ihren prächtigen Uniformen bewundern. Großfürst Kyrill von Russland mit seiner weißen Pelzmütze gefiel besonders und der Prinzregent Luitpold von Bayern lachte und winkte uns auf unser Grüßen mit seinem Marschalstab fröhlich zu. Allein der Kaiser verzog keine Miene. Ihm mochten wohl schon schwere Gedanken über das kommende Schicksal aufsteigen, die sich im Jahre 1914 nur zu bald erfüllen sollten.

Das Jahr 1914 begann wie sonst, in scheinbarem Frieden. Auf dem Ausstellungsgelände wurde eine neue schöne Ausstellung eröffnet, die *Bugra*. Diesmal waren es stille beschauliche Stunden, die man dort aufsuchte. Zwar waren die Vergnügungsstätten ebenso mit gebaut, z.B. Alt-Leipzig, aber es gab so viel Schönes im Besichtigen der Bücher, vor allem auch der ausländischen, dass die Zeit nicht reichte, alles zu besehen. Dazu kam die beunruhigende Gewissheit, dass etwas in der Luft hing. Und es geschah – wohl am 11. Juli, einem schönen Sommertag – in Sarajevo der serbische Mord am Thronfolger Ferdinand von Österreich und seiner Gemahlin, und damit kam für Deutschland die Schicksalsstunde, denn am 1. August 1914 kam der Krieg, der 4 Jahre uns quälen sollte. Zuvor sind wir 2 Tage später mit unseren Kindern nach der Schweiz gefahren, weil wir die Fahrkarten schon in der Tasche hatten und Logis seit sechs Wochen bestellt war, doch war es nur eine stille Freude mit dieser Besorgnis im Untergrund. Und als wir auf der Hinfahrt in der Morgendämmerung gegen die emporsteigende Sonne die Silhouette eines großen Mannes mit geschulterter Sense oben am Bahndamm stehen sahen, durchfuhr es uns doch ahnungsvoll. Erst Jahre hernach haben wir beide von diesem Zufallseindruck gesprochen, der sich so schwer erfüllen sollte. Beide Kinder schliefen und sollten erst zum 1. August, zu Deinem Geburtstag meine Gerda, den Beginn einer bösen Zeit verspüren.

Wir werden diesen 1.8.1914 nicht vergessen! Am Morgen waren alle Geburtstagsbriefe für Max eingetroffen. In keinem stand etwas von Unruhe zu lesen, nur der Wunsch, wir möchten bald recht erholt von der Reise zurückkehren. Als wir um 3 Uhr mit dem Dampfer nach Brunnen gefahren waren, um Gewissheit über die umschwirrenden Nachrichten zu holen – in Sisikon war man etwas abgeschnitten vom Verkehr. Da zog mit Trommelwirbel die Schweizer Miliz auf: „Krieg: Deutschland und Russland!"

Momentan waren wir wie erstarrt. Max ging zum Postamt, um einem Telegramm von Dr. T. nachzufragen, was zwischen den Collegen im Enstfall verabredet worden war. Nichts war da! Da die Läden geschlossen waren, so war es auch nichts mit dem Aussuchen (von) ein paar hübschen Spielsachen zum Geburtstag, aber im Kaffee gab es noch Torte und Schlagsahne, das musste alle Geburtstagsfreude ersetzen!

Doch ich will, da mein Sehen noch schlechter geworden ist, erst fortfahren über die Ereignisse der folgenden Jahre zu berichten, soweit sie unser innerstes Familienleben angehen. Sollte es mir dann noch möglich sein, zu schreiben, so soll das eine oder andere all des Schönen, was Gott uns schenkte liebevollst beleuchtet werden, aber auch das Ernste nicht vergessen sein.

1914. Nach einer glücklichen Heimkehr, die einer „Flucht" aus dem Ausland gleichkam und mancherlei Abenteurlichkeiten mit sich brachte, unter anderem den Verlust eines Japankoffers mit der gesamten dreiwöchig getragenen Leibwäsche von uns allen – kam nun daheim die völlige Umstellung des gesamten Lebens.

Am 21. August musste Max die Praxis Dr. T.s übernehmen und auch die der 4 weiteren Ärzte. Vertretung von fünf Kollegen und die eigene Praxis dazu. Und das drei Jahre lang ohne Ablösung, ohne nur einen Tag Erholung. Binnen 32 Stunden einmal sieben Entbindungen – bis zum März des folgenden Jahres über 340 geburtshelfliche Leistungen – gut, dass zum Überlegen nie Zeit war, das eiserne „Muss" diktierte die Einteilung der Stunden! Max' operierter Fuß war Grund für die immer erneute Zurückstellung vom Wehrdienst, zu seinem großem Kummer – aber ich war doch glücklich darüber, ich durfte meinen Mann hier behalten.

Einen großen Schmerz erlebten wir, als unser liebster Neffe, Oskar im Oktober freiwillig mit hinauszog in den Krieg. Unser lieber lieber Oskar, der so viel, oft wochenlang bei uns weilte, unseren Kindern der liebste Onkel war und uns wie ein Bruder verbunden. Zumal mir, da ich Geschwister nie gekannt habe. Er war schon 34 Jahre alt. Rechtsanwalt. Der Ruf wäre sicher noch an ihn gekommen – aber die heilige Begeisterung für's Vaterland riss eben alle fort! Und so kam auch schon am 7. Nov. 1914 die schreckliche Nachricht, dass unser Oskar in den schwersten Kämpfen vor Ypern vermisst wurde.

H. und V. in Oelsnitz hatten schon am 27. Oktober ihren ältesten Sohn Alfred in Frankreich verloren. So wurde das Leben immer ernster, immer schwerer! Trauer und Tränen überall! Dazu kamen 1915 schon die Auswirkungen der Blockade unserer vielen Feinde, vor allem Englands. Die Nahrungsmittel begannen zu verknappen. Im Sommer waren Gerda und Wolfgang vier Wochen nach Lugau eingeladen worden und anschließend nach Oelsnitz.

Bei uns war die Arbeit ins Ungemessene gestiegen. Schon vom August 1914 an hatte ich die ganze Buchführung, sämtliche Kassenabrechnung übernehmen müssen, sämtliche Wege zu den Behörden, ja sogar zu militärischen Stellen, besorgen müssen, da Max ja seine Patienten betreuen musste. Da habe ich manchen „Lanzerwitz" einstecken müssen, da hieß es schlagartig sich wehren!

Zu aller schriftlicher Arbeit kam noch die Aufstellung über die Vertretungsarbeit der 4 Ärzte. Für Dr. T. brauchte ich sie nicht zu tun, das besorgten seine Töchter. Gut, dass es damals noch keine Krankenscheine gab!

Diese Pest sollte uns erst das folgende sozialistische Regierungssystem bescheren! Bis dahin war noch das alte ehrliche Krankenbuch in Gebrauch und nur wenige Kassen hatten dafür Scheine, sie waren noch klein und ersetzten teilweise das Krankenbuch, erforderten also nicht eine Arbeit wie jetzt durch 3-fache Ausfertigung.

Ostern 1915 wurde unsere Gerda konfirmiert. Es war ein unfreundliches und stürmisches Wetter zum Kirchgang, aber im Herzen leuchtete umso heller die Sonne der Dankbarkeit gegen Gottes Güte, die unser liebes Mädel so weit geführt hat.

Ein Zeichen der Kriegszeit war es auch, dass als Festschmaus eine vom Winter zuvor eingeweckte Gans diente, die sich zum Glück vorzüglich konserviert hatte.

Für Max' Arbeit war schon längst in Stötteritz ein Arzthaus eingerichtet worden mit großen geräumigen Sprech- und Warteräumen und einen für die 3 Schwestern, die nun helfend zur Seite standen. Das war auch dringend nötig, zumal bei der großen Anzahl der täglich erscheinenden Patienten. Und wenn mein lieber Mann fertig war und um 3-4 Uhr nachmittags zum Mittagbrot heim kam, erwartete ihn bei uns in den Räumen die Klientel der eigenen Praxis.

Dazu war 1917 die Versorgung mit Lebensmitteln sehr schwer geworden. Die Kohlrübe stand täglich in irgendeiner Gestalt als Mittagsbrot auf dem Tisch, ja auch zu Kuchen wurde sie verarbeitet. So wars in jedem Haushalt, überall duftete es nach Kohlrüben. Und doch war uns allen das nicht so unangenehm, man konnte sie so vielseitig verwenden. Aber die dicken Graupen! Diese dicken „Manschettenknöpfe", die machten mir, früh, mittag und abends wochenlang genossen, schreckliche Pein. Das Brot war auf drei Pfund pro Woche und Kopf herabgesetzt, da musste sparsamst umgegangen werden. Kartoffel gab es wenig. Mehl fast garnicht. Butter 50 g pro Kopf und Woche. Margarine, Speck und Fleisch wenig. Wie oft musste ich in die Stadt laufen – die elektrische Bahn hatte Betriebsstörung – später streikten die Angestellten, da hieß es laufen, um in der Stadt zu besorgen, was es nur gab. Kaninchenwürstchen, Ziegenwürstchen schleppte man nach Haus, am anderen Tag wurden sie zusehends kleiner. Ich will nicht weiter von dieser Zeit schreiben. Wir leben heute wieder in solcher Kriegszeit, aber so zu hungern wie damals 1917/18 hat die tatkräftige Regierung von uns abgewendet.[5]

Im Jahr 1916 kam im März endlich die Bestätigung vom Heldentod unseres lieben Oskars. Bei Brodseinde in Flandern war er fürs Vaterland gefallen.[6]

1917 war Max am Ende seiner Arbeitskraft. Eine übergroße Erschöpfung raubte ihm den Schlaf und alle seelische Ruhe. Der damalige Stadtmedizinalrat Dr. P. hatte für meinen heimlichen Anruf bei ihm sofort Verständnis und wir sollten unverzüglich reisen, sobald ein Vertreter berufen wäre. Das war im Mai 1917.

Zuvor jedoch war ein sehr langer und und strenger Nachwinter zu überwinden. Der März 1917 brachte solche Schneefälle mit, dass man bis zum Knie in die Wehen sinken konnte. In dieser Zeit übernahmen wir die Halbetage über uns für unsere Schlafräume, da Gerda und Wolfgang ihre eigenen Zimmer bekommen sollten.

Da bin ich in tiefstem Schnee bis über den Lohnhof hinüber gestapft, um den einzigen Ofensetzer, dessen man habhaft werden konnte, zu bestellen, denn es waren zwei neue Öfen zu setzen, im oberen Logis und in unserem bisherigen Schlafzimmer, welches nun unser Esszimmer werden sollte. Die obere Wohnung war aber noch bewohnt, so mussten wir im Schlafzimmer noch schlafen, während der alte bald 70 jährige Mann den Ofen setzte. Die Hälfte des Zimmers brauchte er für sich und das ließ sich nicht ändern.

Aber was wir ändern wollten, den Rauch seines fürchterlichen Glimmstängels, den er ununterbrochen paffte, so dass er sich in langen Schwaden überall festsetzte und keiner Lüftung wich. – Das änderte er nicht, obwohl ihm Max jeden Tag gute Zigarren gab. Als er fertig mit der übrigens vorzüglichen Arbeit war, zog er listig lächelnd ab, mit den Worten: *„Das mach ich immer so, da krieg ich von den Herren feine Zigarren, die rauche ich dann Sonntags alleine!"*

Unsere Kinder waren über die eigenen Räume hochbeglückt, und auch wir über das hübsche neue Esszimmer. Auch Vati hatte sich einen neuen Schreibtisch und einen schönen Bücherschrank geleistet. Muttis Schranktisch hatte Gerda bekommen, Wolfgang den Vatis und so bekam auch Mutter einen größeren Schreibtisch sowie Schrank, der für die Schreibarbeit besser geeignet war. Da fiel es beinahe schwer, zu verreisen, und mein Liebster

---

5   Diese Zeilen wurden 1941 geschrieben. Die große Hungersnot der Nachkriegszeit 1946-1947 stand noch bevor.

6   Im Ersten Weltkrieg fielen im flämischen Ypern 500.000 Soldaten. Briten und Franzosen kämpften dort gegen deutsche Truppen.

fuhr auch zunächst mit Richard nach L. Aber nach wenigen Tagen schon kam der dringende Wunsch, doch nachzukommen zu mir und so fuhr ich nach acht Tagen nach. Es war dort eine noch schärfere Hungerszeit, allein mein Herzlieb war zu weit fertig, er wollte nur Ruhe in der köstlichen Waldluft, bis er eines Tages soweit war, weiter zu reisen. Wir fuhren nach Kochel am See, wo wir im Hotel „Grauer Bär" erst mal bei unserer Ankunft Mund und Augen aufsperrten über all die guten Dinge, die es dort zu Essen gab! 14 Tage waren wir dort und dachten mit Sehnsucht unserer Herzkinder, denen wir so gern vom Strudel, vom Fisch, vom Schmarrn abgegeben hätten! Dann kam ein dringender Ruf von Vetter Georg und dessen lieber Frau Anne, die in Hammersbach bei Obergrainau sich aufhielten. Wir sollten doch den Rest unserer Ferientage bei ihnen zubringen. Das ließen wir uns nicht zweimal sagen. Wir fuhren herzlich gern zu ihnen und haben mit ihnen eine ganz reizende Reise von zehn Tagen noch zugebracht und haben dabei das herrliche Zugspitzgebiet durchstreift.

Das Schönste aber war, dass mein Liebster wieder frisch und kräftig wurde von neuem die schwere Kriegsarbeit leisten zu können und auch ich die lästigen Beschwerden nach all der einseitigen Hungerskost überwunden hatte.

Im September bekam Max zu unserer aller Überraschung und Freude plötzlich das Sächsische Kriegsverdienst-Kreuz als erster und vorläufig einziger Zivil-Arzt. Welch eine schöne Aufmunterung inmitten all der schweren Arbeit, die nur mehr und mehr wuchs!

Zum Weihnachtsfest 1918, während der kurzen Tage leider nur, waren unsere liebe Großmutter und Tante bei uns und wir ahnten damals nicht, dass uns am 26. April 1918 die liebe gute Mutter genommen werden sollte. Ahnten nicht, dass das Jahr 1918 wie mit Goldbuchstaben in der Geschichte Deutschlands geschrieben wurde.

Goldene Lettern! Doch! Die Geschichte unserer Völker wird immer mit goldenen Lettern geschrieben, da nur zu oft trübt ein böser Hauch das Gold, wenn Untreue und Verrat, Uneinigkeit und Hader das Volk heimsuchen. Und das war 1918 der Fall. Die Heimat selbst hat unsere tapferen Soldaten, die schier unsagbar Großes in Frankreich, Rußland, Tirol, Jugoslawien und wo alles leisteten, verraten. Eine Handvoll Matrosen aus Bremen hat den traurigen Ruhm, „Geschichte" gemacht zu haben, indem sie den Gehorsam verweigerten und mit dem Mob das Zeichen gab, den Offizieren, die Orden und den braunen Soldaten die Achselstücke abzureißen und vor die Füße zu werfen. Nie werden wir es vergessen, wie Hermann G. unser Schuhmachermeister uns mit bebenden Lippen von solch einem Vorfall berichtete, den er auf dem Johannisplatz miterlebt hat. Welche Zeit begann nun!

Vom Marxismus versetzte ehrliche Arbeiter lernten es, die Schlagwörter der „angebliche" Freiheit, d.h. in Wirklichkeit der grenzenlosen Verdummung herzubeten. Noch mehr ekelte es einen an, wenn man auch von gebildeten Menschen ein verhängnisvolles Dahintreiben erkennen musste, als der unselige Waffenstillstand unserem armen Volke aufgezwungen wurde. Dieser teuflische Plan aller Feinde, uns zu vernichten, als Volk zu dezimieren und dem Untergang entgegenzutreiben. Im Freundeskreis waren wir nur sechs Ehepaare, die mit aller Energie und Lebhaftigkeit am Tage der Unterschreibung der Marseiller „Diktatur" gegen diese sprachen. Überall entgegnete man:

„Wir können nichts machen, dann wird es uns doch besser gehen!"

„Nein böser, viel schlechter!"

Mitleidig guckt man uns an und tippte sich im Geiste über uns an die Stirn. – Und wer behielt recht?

15 Jahre haben wir an diesem Schand-Vertrag getragen, Erbarmungslose Feinde brachten uns an den Abgrund.

Es war ein Glück, dass unsere liebe Mutter all die schreckliche Umwälzung dieser Revolution nicht zu erleben brauchte. Sie, die eine so treue Monarchistin und Bismarck-Verehrerin gewesen war. Aber sie würde es doch gerade dann mit Genugtuung begrüßt haben, dass das Schicksal mir die Möglichkeit in die Hand gab, 1918 die Wahlen für die demokratische Partei in Stötteritz zu ermöglichen.

Im Herbst hatte Tante Minna und ich mit tiefer Trauer im Herzen den Haushalt in Plauen aufgelöst und Tante zog mit zu uns nach Stötteritz. Wie gut waren ihre nimmermüden Hände!

Den ganzen Sommer war unsere Gerda in Sellin auf Rügen in der Haushaltungsschule von Frau R. Ich hatte sie selbst hingebracht und sah das erste Mal die See. Im Herbst war ihr Lehrgang zu Ende und wir reisten hin, sie wieder abzuholen. Nach der Heimkehr besuchte Gerda ihre erste Tanzstunde mit den Gymnasiasten des Albert-Gymnasiums. Da hat Tante Minna oft genug als *Wirbelmutter* fungieren müssen. Auch später als Gerda 1919 die ganz reizenden Arionen-Tanzstunde mitmachte. Da wurde sie wieder jung und wir Eltern erst recht! Da gabs zu nähen, zu schustern, Kleider und Blusen mit Perlen und Häkelarbeit und Stickerei zu verzieren. Ach wie schön war das , welche Lust für unsere Finger, welche Freude über unser hübsches strahlendes Mädel. Nun, da mag sie selber drüber schreiben.

Einfach war es nicht, denn der politische Himmel war stark verdüstert. Es kam vor, dass Droschken angehalten wurden und die Insassen, auch alte Damen, gezwungen wurden, auszusteigen und zu Fuße zu gehen. Da waren wir froh wenn wir wieder gut daheim waren. Einmal flog auch ein Stein am Johannisplatz an die Droschke, in der Tante und Gerda saßen. –

Es war überhaupt eine böse Zeit!

Als Max einmal – das war aber 1920 – auf Praxis ging, versperrten ihm sechs junge Burschen mit 17-20 Jahren den Weg mit ihren Flinten. Da ging Max ruhig auf den einen zu, fasst ihn scharf ins Auge und sagte scharf:

„Was, du Rotznase willst mir den Weg verbieten? Wenn ich dir nicht von deiner Mutter Laibe geholfen hätte, so wärst du jetzt nicht hier!"

Mit tiefer Röte im Gesicht gab er den Weg frei und Max wurde nie mehr behelligt.

Doch, das war vorgegriffen gesagt. Im Jahre 1919 sind wir im August vor der Auflösung von Mutters Haushalt erst nochmals nach Sellin gefahren einer freundlichen Einladung Frau R. folgend. So hat auch unser lieber Herzensjunge noch das Meer gesehen, was ihn – bis in seine schweren Krankheitstage, die 1921 bringen sollten, mit Freude und Glück erfüllte. Auf der Rückfahrt sind wir wieder über Stettin gefahren, wo wir unsere lieben Dr. W.s trafen, mit denen wir in Tabertz 1911 zusammen waren und in brieflicher Verbindung geblieben waren. Wir bekamen in Stettin keine Hotelwohnung infolge Überfüllung. Damals trieb sich auf dem Bahnhof, in den Straßen ein ganz zweifelhaftes Gesindel herum, da musste man mit dem Gepäck auf der Hut sein. Da waren wir froh, bei einer Mutter und ihrer ältlichen Tochter ein einfaches aber sehr schönes Unterkommen zu finden. Die zwei treuherzigen Frauen überließen uns am Sonntag sogar allein die Wohnung, um selbst mal spazieren zu gehen. Sie vermieteten an alle möglichen Reisende, die die Tochter am Bahnhof ansprach wenn sie ihr vertrauenswürdig aussahen, so dass ein kleines „Volksgemisch" in der Wohnung war. Im Vorsaal schlief jemand hinter einem Vorhang. Wolfgang musste in einer Veranda schlafen, die zwar neben unserem Zimmer war, aber nur durch ein anderes Zimmer in dem vier Betten standen, gehen musste. Unser Herzbub wußte plötzlich kummervoll zu erzählen, wie auf sein diskretes Pochen alles ins schützende Bette floh. Uns war mit Freude das große Salongemach umgeräumt, wo wir uns eben mit Wolfgang nur durch Klopfsprache unterhalten konnten. –

Im Winter 1919 gingen die politischen Wogen immer höher. 1918 war uns Frauen das Wahlrecht verliehen worden, wahrscheinlich im Gedanken, die Frauen der arbeitenden Bevölkerung würden die kommunistische Zahl der Stimmen sehr stark beeinflussen. Allein man hatte nicht mit den bürgerlichen Parteien gerechnet. Nicht so schnell lässt sich eine Frau mit guter Schule und religiöser Erziehung, das nehmen, was bisher ihr Leitstern war.

War es im Jahre 1918 die Demokratische Partei, die führend war und durch Kurse in der Universität uns Frauen schulte, für Wahlagitation, so war es jetzt die rasch gebildete Deutsche Volkspartei, die die Führung übernahm.

Für unser winziges Häuflein „Deutschnationale" gab es in Stötteritz keine Propaganda, so habe ich mich, damit nicht alles für unsere bürgerlichen Stimmen verloren ging, auf Bitten verschiedener Bürgerlicher Stimmen, einem solchen Ausbildungskurs angeschlossen und ich musste, da kein Mann sich fand (Max konnte infolge seiner starken Berufsarbeit nicht) die Wahlpropaganda übernehmen, unterstützt von sehr netten Studenten und Studentinnen. Bei uns gings zu wie im Taubenschlag, Telephon und Klingel kamen nicht zur Ruhe. Die Kinder waren Feuer und Flamme. Flugblätter und Listen austragen und zu ergänzen, Schleppdienste zu tun, alles ging wie im Wirbel.

Dann kamen die Wahlen, die Wahlschlachten. Unser friedliches Stötteritz war wie ein Ameisenhaufen. Ich traf mich mit den unabhängigen Sozialdemokraten, unseren älteren „Sozis", wie nett waren sie alle zu mir, welche Hochachtung hatten sie für ihr *Du* und damit floß auch so viel Treuherzigkeit für mich mit ab, was einem das Herz warm machte und die gesellschaftlichen Unterschiede verwischte, das machte diese ungewohnte Arbeit mir besonders wertvoll, weil immer ein warmer und achtungsvoller Ton mir gegenüber gewahrt wurde, auch nachdem sich alles mehr und mehr zu zuspitzte und ich mich sogar im Redekampf mit einer ganz schlimmen unabhängigen Sozialistin Frau S. messen musste und ihre Schlagworte widerlegen konnte.

Später im Jahr 1920 hielt man auch vor dem treuen Dr. M. nicht still weil er mit dem Pfarrer R. wagte, rein deutschnational zu wählen. Ich sehe uns noch zur Wahl gehen. Wir trafen mit Herrn Pfarrer und seiner Frau zusammen und mit den wenigen Gutsbesitzern und etlichen Militärvereinlern.

Da erschien im Leipziger „Vorwärts", der berüchtigten Arbeiterzeitung ein Artikel, es wäre schön, dass draußen in Stötteritz, der Arzt der doch von den Arbeitern leben müsste, nicht die Sache der Sozialdemokratie vertrete. Solche Anwürfe wiederholten sich drei mal. – Aber wir waren doch wohl stolz für unser Deutschland beschimpft zu werden!

1920 kam zur Zeit der Kirschblüte von Chemnitz ein Haufen schmutziges Gesindels gezogen, fällte die schönen dicken herrlichsten Stämme der Landstraße vor dem Dorf und errichtete Barrikaden, weil es verlautete, die Reichswehr komme. Da lagen die Bäume nun in ihrer reichen Blüte. Das Gesindel hielt mit der Flinte Wacht.

Allein als am Morgen, einem herrlichen strahlenden Sonntag die Reichswehr wirklich früh um 5 Uhr erschien, ergriffen sie das Hasenpanier.

Ich gestehe ganz offen: Wohl war mir in dieser Nacht nicht in der Haut, denn es gab doch Stimmen, die da gesagt hatten, „wenn es losginge", kämen der Pastor und der Doktor zuerst dran.

Wir hörten das rote Gesindel abmarschieren, et tönten Flintenschüsse, es rief unserem unabhängigen Sozialistenführer W. hinauf, er solle zu ihnen herunterkommen, dann verschwand es. Rasch waren die Fenster geöffnet und General M. mit seinen Soldaten zog vorüber. Das war ein Winken und Grüßen!

Gerdas Tanzstundenherren zogen die feldgraue Uniform wieder an, der Leipziger Oberbürgermeister Rothe, ganz in den Händen der Arbeiterparteie, ließ im Straßenkampf die Rathaustüren verschließen, als die Zeitfreiwilligen in Bedrängnis waren. Im Hotel Koller brachte man sie zur Ruhe unter. Ich selbst habe lange nach dem Bekannten suchen müssen, als ich ihm Liebergaben brachte. Da sagten viele der jungen Leute bitter: „Ja die Stadt vor dem Mob zu schützen, dazu sind wir gut genug, aber die da oben im Hotel sitzen in goldner Ruhe da. Wir dürfen aber beileibe nicht das Hotel oben betreten, für uns ist nur der Wirtschaftseingang da!" Und so wars, ich sah sie selbst in der Halle in den Sesseln liegen und Importe rauchen.

Doch genug von dem Hässlichen!

1920 war ein schöner Sommer! Da unsere Gerda ihre Studien am Konservatorium nicht unterbrechen wollte, gingen wir mit Wolfgang allein auf Reisen. Wolgang war zu seiner Patentante Issi geladen und war einige Wochen dort, als von Onkel und Tante auch an uns die dringende Einladung zu kommen kam. Gern, sehr gern sind wir nach J. gefahren. Nach so vielen Jahren das Thal durchreisen zu können und noch dazu mit unserem liebem Jungen war köstlich. So sind wir auch einmal nach Altjocketa gegangen und besuchten den Vogtländischen Maler Richard Sachs. Er war sehr liebenswürdig, stellte seinen 14-jährigen Sohn Hans vor, der das schöne Talent vom Vater geerbt hat. Er zeigte uns ein Bild, das er von seinem jüngsten Brüderchen gemacht hatte. Der kleine Schlingel kam auch nun gierig herein und wir konnten uns von der Ähnlichkeit überzeugen. Die eigentümliche Nase und die schwarzen Kohlenaugen hatten alle Kinder des Malers. Wir erstanden ein Ölgemälde: Blick nach Neudörfel bei Jocketa, wo die Wolkenstimmung zwischen Sonne und Regen so gut gefiel. Bruder Oskar sagte immer beim Anschauen des Bildes: Morgen regnet es! (600 M). Das Kinderbild überließ er uns nur ungern (100 M) - aber er meinte:

„Ich merke, sie haben Verständnis dafür, wie sehr ich daran hänge, Sie müssen wissen, Hans fertigte es in einer halben Stunde. Länger hält ja so ein kleiner Wildfang nicht still. Deshalb hat Hans auch den gewöhnlichen Pappuntergrund als Gesichtston stehen lassen."

Man sieht auch mit Interesse dies kleine Kunstwerk so geschickt ausgewertet und es hat sich in über 20 Jahren nicht ein bischen verändert, obgleich diese Rohpappe nicht malfertig vorbereitet ist. Das war ein schöner Zuwachs für unser Heim, nachdem ich schon in Leipzig meinen Blick von Jocketa in Tempera erstanden habe. So hängt ein Stück Heimat an der Wand und erfreut uns immer!

Wir haben auch unsere Kranzelschwestern besucht und sind nach Oelsnitz gefahren, haben herrliche Waldwanderungen gemacht, Bad Elster über Raun nach Brambach, von Erlbach Markneukirchen nach Klingenthal wo uns die lieben H.s begleiteten. Da kam ich das erste Mal nach meiner Verheiratung wieder nach Klingenthal und konnte alte Erinnerungen auffrischen. Von den nächsten Verwandten lebte freilich niemand mehr, aber die Häuser meines Onkels stehen noch so wie in meiner Kindheit. – Unsere Gerda war schon früher mit Onkel Heinrich und Tante, nach Lenggries gefahren worden. Die Lieben hatten sich unser Kind als Begleitung erboten, weil sie selbst kein Mädel hatten. Nun hatten sie im Frühjahr 1921 wieder unsere Gerda eingeladen und Gerda hat liebe schöne Wochen dort verlebt.

Im Jahr 1920 war eine ernste Veränderung bei uns eingetreten.

Am 26. Juni 1920 starb ganz plötzlich am Gehirnschlag unsere gute Tante Minna. Wie gern hätten wir sie länger behalten, denn wir fühlten, sie war endlich ein wenig angekommen in Stötteritz. Zumal meine Kränzelschwestern ihr so lieb entgegenkamen, vor allem Frau H.

Tante hatte große Freude am schnell erlernten Doppelkopf sowie an unseren schönen Frauenvereins-Abenden. Nun, da sie sich heimisch fühlte, rief ein höherer Wille sie zu sich! Unser lieber Pfarrer T. früherer Hilfsgeistlicher in Stötteritz sprach so wunderschön über den Text seiner Rede: *Befiehl du deine Wege*. Pfarrer R. war verreist gewesen.

Wir wurden durch diesen Trauerfall beinahe in die Lage versetzt, vermieten zu müssen, da die Wohnungsnot nach dem Kriege groß geworden war. Dieser Angriff auf unsere Häuslichkeit ging noch einmal an uns vorbei – wir ahnten aber mit keinem Atemzug wie uns dies noch ein zweites Mal bedrohte.

Wie hätten wir denken sollen, dass uns nicht ein Jahr nach Tantes Ableben uns unser lieber Wolfgang genommen werden wurde: Während unsere Gerda in Plauen so liebe schöne Wochen verlebte, da erkrankte unser lieber Herzbub anscheinend an einer Rippenfellentzündung. Allein des Vaters ärztlicher Scharfblick erkannte bald genug, dass ein furchtbares Schicksal nicht abzuwenden sein würde, dass ein Sarkom der Thymusdrüse mit mörderischem Griff uns das geliebte Leben entreissen sollte!

Gott hat's gegeben,
Gott hat's genommen,
Der Name des Herrn sei gelobt!

Wie lang das dauert, bis man in dies Wort sich fügen lernt, habe ich da erfahren!

Beim Suchen nach geeigneten Büchern zum Vorlesen für unseren Herzensjungen stieß ich auf drei Bände über Luthers Leben von Martin Rathke. Was ich darinnen gefunden, war ein tiefer und herrlicher Schatz, der mir das Schwere nach und nach hat tragen helfen.

Vier Wochen habe ich selbst unseren Jungen im Krankenhaus von früh bis Abend pflegen dürfen. Dann nahmen wir ihn mit nach Hause, seinen heißen Wunsch damit erfüllend. Am 11. Mai 1921 abends 10 Uhr rief Gott unsern Herzbub ganz sanft zu sich und wir beugten uns unter diese Hand, die sich aus der Ewigkeit zu uns herabneigte, Schmerzvollstes von uns fordernd, aber doch uns grüßend. Das wunderschöne Antlitz unseres geliebten Jungen erfüllte uns mit höchster Ehrfurcht und ließ uns fühlen zum Bilde Gottes schuf er ihn.

Diesmal sprach unser lieber Herr Pfarrer zu uns in der Feierstunde des Abschieds. Unser Freundschaftsband wurde damit aufs festeste geknüpft.

Konnten sie damals ahnen, dass sie beide in wenigen Jahren schon den selben Weg nachgehen müssten und auch ihren einzigen Sohn verlieren würden?

Wieder war unser Familienkreis um ein liebes Glied zusammen geschmolzen. Noch mehr trat die Möglichkeit an uns heran, Zimmer abgeben zu müssen. Da hatte meine damalige Stütze, meine Dora und spätere Frau K. den erlösenden Gedanken, unser Gastzimmer ihrem künftigen Schwager Otto als Arbeitszimmer zu geben. Der junge Mann ging auf die Kunstakademie und wollte Maler und Radierer werden, hatte dafür aber keinen Raum zur Arbeit. Auch duldete die sehr peinlich saubere Mutter keine Unordnung durch Stifte und Farben, noch weniger ein mit Stoff drapiertes Modellbild. So war Otto immer unglücklich, denn anderen Tags fielen die Falten vom Sammet oder der Seide nie wieder so wie zuvor, so dass er nie zum Ziele kommen konnte. Bei uns konnte er diese Ruhe zur Arbeit finden und da er ein sehr sympathischer Mensch war, begrüßten wir diese Lösung der Wohnungsfrage mit großer Erleichterung und freudiger Zuversicht auf ein harmonisches Zusammensein. Leider war er verwachsen, eine TBC der Rückenwirbel, ein Leiden, das ihn oft genug im Schaffen störte. Durch das ruhige Arbeiten bei uns hat sich aber sein Zustand sehr gebessert, so dass er fünf Jahre lang unser lieber Hausgenosse war bis auch Gott ihn zu sich rief.

Was haben wir für köstliche anregende Stunden da gehabt! Ein solch bildungshungriger junger Mann! Was waren das für herrliche Abendstunden mit Musik durch Gerdas Spiel und Gesang, mit Vorlesen der Klassiker, mit Unterhaltung und Anschauen und Belehrung in der Kunst!

Ein wundervolles wechselvolles Geben und Nehmen, für alle Beteiligten, ja beglückend und anregend zum Lernen auf jedem Gebiet. Und welch getreuen Hausgenossen hatten wir an unserem guten Otto! Was hätte unser geliebter Wolfgang erst für Bereicherung haben können, zeichnete er doch so wunderhübsch mit einer sicheren Strichführung und Leichtigkeit die Ottos Bewunderung hervorrief.

Ottos Vater war mit der Akademielaufbahn seines Sohnes nicht einverstanden, er sollte Buchdrucker werden, allein, das hätte der zarte Körper nicht ausgehalten. Da war es für uns eine große Freude durch unsere Verbindungen vorwärts helfen zu können. Und als endlich nach einigen Jahren der Herr Mayer von der Firma R. zwei von seinen besten Radierungen „die Weiden und die junge Mutter" annahm und mit sehr schöner Wiedergabe in den Reklam-Heften herausbrachte, war auch der Vater endlich für Ottos Kunstlaufbahn gewonnen. –

In den schweren Wochen nach unseres lieben Jungen Heimgang fasste Max den Entschluss zu einer vierwöchigen Reise, die uns etwas Erholung geben sollte. Natürlich musste diesmal unsere Gerda uns begleiten, ihren vielen Schülern Ferien geben und mitreisen. Von Oberplauen im Allgäu schrieb uns Vetter Pfarrer Georg und lud uns aufs herzlichste ein, dort hinzukommen. Er wohnte einige Jahre mit seiner Frau dort und konnte uns die reiche und anmutige Gegend nicht genug loben. So wurde Oberstaufen gewählt, zumal auch Franzel schon dort war und begeistert schrieb. Im Hause des Malers W. wohnten sie und mieteten uns zwei Zimmer. Obgleich das Ehepaar sieben Kinder hatte, war es dort sehr ruhig. Mit uns wohnte dort ein sehr liebes junges Mädchen, eine Baronesse von W., eine Baltin, welche die Kinder des Ministers betreute. Ein sechsjähriges Mädchen Britta, sehr zart, und dessen Bruder Tasso im Alter von 15 Jahren. Leider war er ein sehr wenig erzogener Bursche, der uns oft schmerzhaft die Erinnerung an unseren Herzensjungen mit seinem warmen Gemüt und seiner Wohlanständigkeit wach werden ließ. Erst als Max Tasso einmal bei seiner Verpflichtung gegen seine adelige Tradition und zwar in Gegenwart eines Baron angriff, der viel mit Georg verkehrte, wurde Tasso etwas besser. Die Kinder waren Enkel von der Schriftstellerin Frau Elisabeth von Heyking, welches ihr berühmtes Buch: „Briefe, die ihn nicht erreichten" geschrieben hatte. Die kleine Britta fabulierte auch deshalb Märchen, schenkte mir auch ein solches, natürlich nichts besonderes, aber es kann sich schon etwas daraus entwickelt haben.

Die Bevölkerung von Oberstaufen ist katholisch und die Kirche war natürlich wieder neu erbaut oder erneuert worden. Während des Krieges hatte Vetter Georg in Oberstaufen den evangelischen Gottesdienst dort wieder aufgenommen. Er lebte im Ruhestand. Der katholische Geistliche Herr Rat Dr. R. kam ihm dabei weitgehend zu Hilfe. Er ließ alle 14 Tage in der Schule der katholischen Schwestern einen Altar herrichten mit unseren evangelischen Symbolen und mit Blumen schmücken, wie die beiden Männer überhaupt eine überaus herzliche Freundschaft verband, die in allen religiösen und künstlerischen Dingen vorbildlich zum Ausdruck kam.

Die vielen Sommerfrischler, die Oberstaufen besuchten und irgendein künstlerisches Interesse besaßen, besuchten je nach Religion die Geistlichen. Bei dem geistlichen Herrn R., der selbst ein ausgezeichneter Musiker war, und als Sänger bei Gera noch ausgebildet war, fanden jede Woche musikalische Abende statt. Er selbst oder Vetter Georg spielten am Flügel, einem riesenhaften Instrument, inmitten des großen Studierzimmer stehend. Oder irgendwelche Künstler von Berlin, Dresden, München, Augsburg oder sonstwoher gaben ihr Bestes in kleinen Abendkonzerten. Es war eine Ehre eine solche Einladung zu erhalten. Als Verwandte von Georg und Anna wurden auch wir beglückt und haben herrlichste Stunden dort erlebt. Die Besucher saßen auf der großen mit Bauernmöbeln geschmückten Diele. Die Tür zum Musikzimmer war weit geöffnet. Auf der nach oben führenden Treppe saßen auf den Stufen die Kinder und Halberwachsenen des katholischen Kirchenchors, der auch ab und zu Gesänge zu Gehör bringen musste. Man kannte sich gegenseitig nicht, aber alle waren gefangen von den Tönen, denn auch Violinenvirtuosen fehlten nicht.

Als der alte Herr R. nun unsere Trauer um unseren Jungen erfuhr, lud er uns ein in die Kirche zu kommen. Dort spielte er für uns herrlich ein hübsches Präludium auf der Orgel, sang ein schönes geistliches Trostlied und spielte noch ein Orgelstück und sprach einen schlichten Trost zu. Eine kleine herzliche Feier nur für uns und Gerda allein.

Vetter Georg spielte dann noch ebenso schön auf der Orgel, so dass wir von so viel verstehender Teilnahme ganz beglückt und erhoben waren. Es war uns ganz, als wäre unser geliebter Junge mit dabei und freute sich mit uns. Mit wärmstem Dank schieden wir von den beiden prächtigen alten Herren, um ein Erlebnis reicher, welches uns noch nie verlassen hat in all den über 20 Jahren, die seitdem vorüber gingen. Der Aufenthalt in Oberstaufen hat uns viel, viel Schönes und Beruhigendes geschenkt. Das Zusammensein mit Gerog und Anna in ihrem reizenden Heim, ihre Liebenswürdigkeit, die behaglichen Plauderstunden bei ihnen, Georgs Spiel auf seinem Flügel, seine Begeisterung. Er spielte alles auswendig mit einem inneren Feuer, dass Max oft rief:

„Hole Luft!"

Damit er nicht so erschöpft sei, denn er war doch schon einige 70 Jahre alt. Dann das nette Zusammensein mit Fränzel und Fräulein von Wolff, die schönen Spaziergänge. Das morgendliche Frühstück im schönen Garten am Haus, alles war herrlich!

Hier endet die Tagebuchaufzeichnung von Elsbeth M.

FSC
www.fsc.org

MIX

Papier aus ver-
antwortungsvollen
Quellen
Paper from
responsible sources

FSC® C105338